AF364049

Édition du Centenaire.

J. BARBEY D'AUREVILLY

LE THÉATRE CONTEMPORAIN

1866-1868

PREMIÈRE SÉRIE

Préface de Lucien DESCAVES

PARIS — Iᵉʳ

P.-V. STOCK, ÉDITEUR

155, RUE SAINT-HONORÉ, 155

DEVANT LE THÉATRE-FRANÇAIS

1908

LE THÉATRE
CONTEMPORAIN

ÉMILE COLIN ET Cie — IMPRIMERIE DE LAGNY
E. GREVIN, Succ^r.

J. BARBEY D'AUREVILLY

LE THÉATRE CONTEMPORAIN

(1866-1868)

PREMIÈRE SÉRIE

Préface de Lucien DESCAVES

PARIS — Ier

P.-V. STOCK, ÉDITEUR

155, RUE SAINT-HONORÉ, 155

DEVANT LE THÉATRE-FRANÇAIS

1908

A MONSIEUR LE MARQUIS D'IVRY

*A qui mieux qu'à vous, mon cher marquis, devais-je
dédier ce livre de critique sur le Théâtre contemporain?...*

*Vous n'êtes pas seulement un marquis de race, — vous
l'êtes en art aussi, et même plus... Musicien et poëte à la
fois, vous pouvez prendre pour supports de votre écusson la
Poésie et la Musique, ces deux sirènes. Et cependant j'ai
hésité un instant à dédier à vous, l'Inspiré de Shakespeare,
qui avez écrit LES AMANTS DE VÉRONE dans leur double
langue idéale, un livre sans pitié pour le Théâtre moderne
et sans aucune foi dans son avenir. Seulement, je me suis
dit que par-dessus ou par-dessous le Musicien et le Poète
il y avait le Penseur, avec qui je pourrais peut-être m'entendre sur cette question du Théâtre, à laquelle les bala-
dines admirations des vieilles civilisations donnent une influence et une importance qu'il n'a plus. Selon moi, c'est
un art épuisé, fini, et ce livre est son épitaphe. Vous qui
étiez fait pour vivre en ses beaux jours, vous pouvez mettre
des chefs-d'œuvre sur sa tombe; mais vous ne le ranimerez
pas. Les fleurs les plus belles qu'on met sur les tombeaux
ne peuvent pas en faire sortir les morts.*

Votre ami... vivant,

J. BARBEY D'AUREVILLY.

BARBEY D'AUREVILLY

Critique dramatique

1866-1883

———

*Il eut été regrettable qu'une main diligente ne re-
cueillît pas les feuilletons dramatiques de Barbey
d'Aurevilly pour les faire entrer dans le Grenier
d'abondance de ses Œuvres complètes. Ils attestent,
en effet, la prodigieuse, l'égale fertilité de l'un des
plus nobles esprits de ce temps, dans tous les do-
maines qu'il cultiva.*

*Jules Barbey d'Aurevilly, rendant la justice au par-
terre, n'est pas inférieur à Jules Barbey d'Aurevilly
poëte, romancier, mémorialiste, critique littéraire,
épistolier. Il est Grand Prévôt des théâtres, comme il
fut, a-t-on pu dire, Connétable des Lettres. Et son
prestige s'accroît de ce qu'il va, ordinairement, seul.
Ses feuilletons paraissant le samedi au* Nain Jaune,

les sentences qu'il y prononçait ne recevaient d'inspirations que de sa clairvoyance et de sa loyauté. Il n'avait rien de commun avec les lundistes jurés. Il faisait feuilleton à part, et en avant. Aussi bien, qu'il précédât les autres ou qu'il les suivît, on ne voit pas Barbey d'Aurevilly obéissant à un mot d'ordre. Non, en vérité, je ne le vois pas !

Lui-même a écrit « qu'il se présentait parmi les blasés de la critique avec l'effronterie de ses premières sensations. »

Il avait encore une autre originalité, si vous ne voulez pas dire un autre mérite. Ne comprenant pas qu'on descendît, qu'on se ravalât jusqu'au drame, quand on a puissance de roman (il professait que le théâtre avait été l'erreur de son maître, Balzac), il conforma sa conduite à cet article de foi et ne se compromit dans aucune entreprise théâtrale. Bref, « la sacrée faim de l'argent, dont tout le monde crève », il n'en creva pas, lui. Aussi ses jugements sont-ils marqués au coin de la plus fière indépendance. Vous ne le surprendrez jamais, ainsi qu'entre deux compères, entre l'intérêt et la camaraderie, entre un directeur à se rendre favorable et une relation à courtiser, entre une chèvre et un chou à ménager, « le chou, parce qu'il est gras, et la chèvre, parce qu'elle est belle. »

Nul n'est le camarade de Barbey. Avez-vous remarqué ? Il y a des écrivains qu'il est inimaginable qu'on puisse tutoyer : *Chateaubriand, Hugo, Lamartine, Alfred de Vigny, Lamennais, Michelet — et Barbey d'Aurevilly. Entre eux et les autres, une des propriétés du génie met sa distance et invite à la conserver.*

La postérité, qui se montrera pour Barbey plus équitable que ne le furent ses contemporains, regardera certainement les cinq volumes de ses feuilletons de théâtre comme une des ailes du monument littéraire qu'il a laissé : l'autre aile sera formée par la série des Œuvres et des Hommes. Combien de livres, de pièces et d'auteurs ne périront pas tout entiers, pour avoir eu la bonne fortune d'être démêlés fortuitement, de main de maître! Heureux le troupeau dont la laine se carde aux buissons de la route : c'est toujours cela que n'aura pas l'abattoir.

Il y a d'excellentes raisons pour que ce prophète du passé ne passe pas, lui, comme la plupart des productions, d'âges divers, qu'il a inhumées dans ses feuilletons. Il a anticipé l'avenir; il a été un croque-vivants avant d'être un croque-morts. Dès le lendemain de leur naissance, il a creusé la fosse des œuvres et des auteurs que l'on proclamait autour de lui immortels.

Il faut bien reconnaître, chaque fois qu'on les couche au tombeau, que Barbey a fait leur lit. Et dans quel temps il l'a fait, reportez-vous-y. Lorsqu'ils succombaient sous le nombre? Non. Ce preux

*

était aussi incapable d'achever les blessés que d'entrer dans une conjuration. Il était seul de son parti. Il avait plutôt le coup d'œil des grands médecins qui diagnostiquent, sous les couleurs de la santé, l'incurable affection dont mourront prochainement leur voisin de table, le passant, l'étranger... On peut déjà voir, aujourd'hui, que l'événement lui a rarement donné tort.

Songez à la situation qu'avait le triumvirat Augier-Dumas-Sardou, à l'époque où Barbey d'Aurevilly rendait ses oracles. Elle est déterminée par la parole d'un thuriféraire saluant, en 1866, la réussite de Nos Bons Villageois : « Un tel triomphe simplifie le rôle de la critique, en la supprimant. »

— En supprimant la vôtre, mais non pas la mienne ! s'écriait le censeur rebelle à toute abdication.

Et il le témoignait incontinent en donnant les étrivières à l'ouvrage, de la façon rudânière qu'il avait de les administrer.

Il n'était pas moins sévère pour Augier ou pour Dumas, qu'il plaçait, dans son estime, au-dessous d'Augier, opinion à présent généralement partagée.

D'Alexandre Dumas fils, qu'il définit tantôt : « Un classique momentané », — et tantôt : « Le second d'un temps qui n'a pas de premier », il disait encore : « On en reviendra ; mais peu m'importe ! je n'y serai jamais allé. »

Lorsqu'il n'avait pas la primeur de leurs comédies, il excellait à discerner, à propos des reprises qu'on en faisait, les symptômes de désaffection du public.

Celui-ci ne voulait pas encore avouer qu'il avait doré son idole, suivant le mot de Mme Roland, pour n'avoir pas à rougir d'adorer une bûche; mais la ferveur n'y était plus. On faisait son devoir. C'était aussi, notait finement Barbey, une reprise... d'applaudissements.

Quand il assistait, de 1870 à 1883, aux tentatives de rajeunissement des Lionnes pauvres, *du* Mariage d'Olympe, *de* l'Aventurière, *de* La Visite de Noces, *de* La princesse Georges, *du* Demi-Monde *ou de* La Dame aux Camélias, *c'est alors que les frises du théâtre contemporain lui paraissaient soutenues par « des cariatides fatiguées. » Mais il avait tort de rendre l'époque, un certain ordre de choses, responsables de la disette de talents qu'il déplore en ses feuilletons. Il pouvait l'imputer, par surcroît, aux trois consuls dont la longue omnipotence avait, en réalité, empêché l'éclosion de toute une génération d'auteurs.*

L'obligation imposée aux directeurs de reprendre une vieille pièce des maîtres régnants pour en obtenir d'eux une nouvelle, asservit pendant vingt ans la scène à leurs combinaisons. Lorsque les théâtres avaient joué entre-temps, Barrière, Labiche, Gondi-

net, *Meilhac*, *Halévy*, et *Pailleron*, parce qu'il était riche et salonnant, la saison se trouvait remplie.

Henry Becque, à la fin de l'*Empire*, *Becque*, auquel *Barbey*, bon prophète encore, promettait une fière place « parmi les plus dévisageants observateurs de notre jolie société, » *Becque* en était réduit à louer le théâtre de la *Porte-Saint-Martin*, pour y faire représenter Michel Pauper.

Les années de pénurie pendant lesquelles, après la guerre, l'art dramatique végéta, à qui les attribuer, si ce n'est à la dictature exercée par quelquesuns contre une jeunesse découragée de produire pour des bazars accaparés ? *Toute* l'activité de celle-ci se tourna vers le roman et le vivifia, jusqu'au jour où un employé du gaz, épris de théâtre, ouvrit l'atelier d'apprentissage et organisa les expositions qui révélèrent des auteurs nouveaux.

Il faudrait méconnaître singulièrement le caractère de *Barbey d'Aurevilly* et, d'autre part, oublier qu'il ne fabriqua aucune bijouterie en doublé, pour apporter à l'impatience de placer sa pacotille ou au dépit de la voir rebutée, ses rigueurs et ses désenchantements.

Quant aux motifs de son abstention, ils percent, je le répète, dans tous ses feuilletons.

« *Les* esprits élevés, disait-il, dédaignent le fagotage des pièces ; ils font de leurs livres des spectacles dans un fauteuil, et ils attendent comme cela la gloire, si elle veut venir ; mais ils ne la demandent pas au suffrage universel des parterres, aussi bête que l'autre. Ils ne raccrochent pas le succès sur les planches, qui sont un trottoir. Ils débarrassent le passage pour d'autres esprits moins délicats et moins hauts, qui trouvent que le théâtre est la seule chose d'aujourd'hui qui rapporte beaucoup d'argent et tout de suite une célébrité partout ailleurs aussi difficile à enlever qu'une ville forte. »

Il comparait le bruit et les recettes que fait le moindre vaudeville, avec le silence qui enveloppe, enténèbre l'apparition d'un beau livre, — et il demeurait fidèle au livre.

Un peu de son mépris pour l'art dramatique contemporain, vient de ce qu'il le voyait tomber dans l'abjection d'une industrie, et qu'il respectait trop son art à lui pour saboter même un feuilleton. Il eut pu dire, comme Hugo : « Tout ce que j'écris est fait pour être publié... » Toute son œuvre fougueuse, passionnée, avère le don providentiel d'admirer, de s'émouvoir... Que Shakespeare, Molière ou Balzac l'en requièrent, il s'enflamme aussitôt. Mais il aime l'enthousiasme comme on aime une jolie femme — le mot est de lui : — il ne les veut ni l'un ni l'autre trop faciles.

Il n'est pas douteux que des résidus de premières, tels que ceux-ci, seraient fastidieux, s'ils n'étaient fournis que par le détail analytique des pièces. Aussi

Barbey s'en embarrasse-t-il le moins possible. Il a cela de commun avec d'autres bons écrivains fourvoyés, pour vivre, dans la critique dramatique. Ainsi que Gautier et Banville, il taille des feuilletons à facettes ; mais tandis que Banville et Gautier obtiennent l'éclat des leurs à force de magie verbale, à cette magie, qui lui appartient également, Barbey joint le privilège de faire étinceler des idées.

Seuls, déclare-t-il, les feuilletonistes qui n'en ont pas, s'attardent à une besogne inutile.

Et c'est plaisir de le voir esquiver le sujet, ce qu'il appelle le corpus mortuum, *tourner autour, saisir tous les prétextes pour ne pas l'aborder, comme les personnes qui ont le mal de mer sur un bateau s'embarquent au dernier moment — ou ne s'embarquent pas.*

Et il l'éprouvait, Barbey, la nausée, sur l'océan de sottises et de platitudes, où les pièces tanguent et roulent perpétuellement ! A quoi bon augmenter le nombre des passagers portés par le flot des situations rabâchées, des caractères incertains, des scènes « si faciles d'invention, qu'elles sont presque déshonorantes pour celui qui les a inventées. »

Au lieu de faire passer les cuvettes, n'est-il pas préférable de chercher une diversion et un cordial, à la fois dans le brio du commentaire et dans le choix de la méditation ?

Raconter un mélodrame, une opérette ou un vau-

deville, est aussi enfantin que d'enfiler des anneaux aux petits carrousels des Champs-Élysées. Jeu indigne de l'homme qui écrivait un jour à Trébutien : « Si ce fabuleux Hippogriffe, le succès, peut être chevauché, nous le chevaucherons, et que Dieu me damne ! je ferai de lui et de moi un vrai centaure ! »

Cette conscience qu'il avait de sa valeur lui permettait de parler, sans déchoir, de L'Oncle Margotin, des Pirates de la Savane et du Papa du prix d'honneur.

— Vous êtes de ceux, lui disait un jour une femme, que l'on reconnaîtrait dans un sac cousu ; le diable de sac ferait des plis qui diraient que c'est vous.

Les Pirates de la Savane ! On est sans doute curieux de savoir ce qu'un Barbey d'Aurevilly pouvait tailler à facettes parmi cette verroterie pour nègres, et, de fait, cela ressemble à une gageure.

L'auteur des Diaboliques la soutient.

Le spectacle de foire, il le pique et l'envoie derrière lui, à la hotte, d'un coup de crochet, rejoindre « tous les airs notés du vieux solfège de la maternité au théâtre. » C'est fini, il n'en reparlera plus.

Mais de la pièce absurde s'est dégagée la mâle beauté d'un acteur médiocre nommé Donato, et cette apparition suffit pour interposer, entre le drame et le critique, la figure du pâtre de la campagne romaine appuyé sur le timon du char, dans le tableau des Moissonneurs, *de Léopold Robert.*

Dès lors, Barbey ne voit plus que les formes harmonieuses du jeune dieu... Il s'absorbe, comme un peintre, dans son motif. Car, dit-il, « les hommes sont si laids à présent, dans cette crevaille universelle, que devant un être de la beauté de ce Donato, il est permis de s'arrêter. La beauté, c'est les lettres de noblesse de l'humanité, qui les a perdues ! Quand on en retrouve un fragment dans un homme, c'est un honneur pour l'espèce entière. »

L'acteur sans talent et probablement même stupide, n'a de Spartacus que le physique, et c'est déplorable assurément. Mais l'argile modelée dans cette perfection n'en rachète pas moins, au regard d'un spectateur de goût, la vulgarité de la marionnette que le dramaturge a façonnée, lui, à la serpe.

Barbey d'Aurevilly est tout entier dans cette recherche infatigable de la Beauté, de la Passion, du sujet d'exaltation. Il ne mérite pas, lui, la définition si juste qu'il donne de Paul de Saint-Victor : *une belle imagination ennuyée.* Barbey est une belle imagination que le théâtre ennuie, ce qui n'est pas la même chose. Et le théâtre l'ennuie parce que les imaginations de ses fournisseurs ordinaires sont toujours à cent pieds au-dessous de la sienne. Il s'exténue à tirer d'un puits des seaux vides ou pleins d'une eau saumâtre. Comme Chateaubriand bâillant sa vie, il bâille ses soirées. On ne peut pas dire qu'il abhorre une forme de la pensée où se sont immortalisés Shakespeare, Molière et Racine ; mais il la mésestime à cause qu'elle n'est pas libre et qu'elle se complaît en ses humiliations.

Il dit le mot : C'est un art mendiant qui tend la main à tout le monde, directeurs, décorateurs, costumiers, interprètes, et « à toutes les époques d'histoire, a cherché à se mettre de niveau avec l'intelligence des masses par lesquelles il vit et auxquelles il s'adresse. »

Cette opinion, de la part d'un écrivain qui n'a jamais gueusé le succès, était un obstacle à ce qu'il construisît des pièces ; elle ne s'opposait pas à ce qu'il en démolît.

Un autre critique dramatique dont les jugements semblent n'avoir été colligés, ceux-là, que pour être tous infirmés en appel, feu Francisque Sarcey, jouit d'une longue tolérance que justifiait, aux yeux de certains, son amour du théâtre. Il y allait tous les soirs, autant par plaisir que par devoir professionnel. Il y allait comme à la douche, pour sa santé. Et il en avait !

Convenons qu'il aimait, non pas l'art dramatique en effet, mais le théâtre, c'est-à-dire un moyen d'existence, une éponge à presser, un élément congruent à sa compréhension, à ses goûts, à ses besoins. Ce podestat vermeil, obèse et vénéré, vivait du *théâtre et sur le théâtre, comme un patron qui fait travailler les autres. Il allait tous les soirs les voir gagner son pain.*

Quand, par hasard, suivant le conseil de Barbey d'Aurevilly, il retournait son fauteuil et regardait la salle, c'était pour connaître les préférences du public et les flatter ; c'était pour rire avec lui, s'indigner avec lui, éternuer avec lui, se montrer aussi conciliant, enfin, que peut l'être une habile revendeuse à la toilette.

Avec Barbey d'Aurevilly, c'était autre chose ; il ne tournait le dos à la scène et ne regardait la salle que pour comparer.

« Les voilà tels qu'ils sont, se disait-il, en envisageant les spectateurs, et voilà comment on me le représente ! Quelle différence !... »

La scène, miroir tantôt convexe et tantôt concave, ne reflétait que des images déformées, et plus le miroir les déformait, plus le public était content. Ah ! ce n'est pas la beauté qu'il aime, lui !

Aussi Barbey s'inscrivait-il en faux contre la devise de la Comédie : Castigat ridendo mores.

Où voit-on, aujourd'hui, qu'elle corrige les mœurs en riant ? Son impuissance à réagir contre la laideur, n'est-elle pas la preuve de sa propre dégradation ? Elle ne proteste plus, elle consent ; elle ne démasque plus, elle déshabille ; si bien que des flagellations équivoques, lorsqu'elle en fait le geste, éveil-

lent l'idée d'un raffinement plutôt que celle d'une leçon.

Des exceptions, il y en a... mais si peu! Sans doute, Barbey eût aimé Les Corbeaux, et, dans Les Corbeaux, la scène où le fils caricature son père. Ce singe était ressemblant, certes!... Et quels fils a-t-il corrigés de leur pleutrerie; quels pères a-t-il corrigés de leur faiblesse?

C'est que l'estomac du public, délabré par les mauvaises nourritures, rejette la vérité et retourne aux trois-six qui lui procurent l'illusion d'un repas. Il y a une clientèle à laquelle il ne faut pas dire que l'alcool est un aliment, sous peine d'abrutissement pour elle. L'honneur de Barbey d'Aurevilly, critique dramatique, est de n'avoir jamais proféré cette parole imprudente.

Il se calomniait lorsqu'il disait : « En fait de théâtre, je reviens toujours un peu de Pontoise. »

Non pas qu'il n'éprouvât réellement un peu de dépaysement et de nostalgie...; mais il avait beau ne pas s'en laisser imposer par la science des planches, il ne méconnaissait aucune des conditions de l'art dramatique énumérées par Dumas fils, dans une Préface que Barbey d'Aurevilly considérait impartialement comme un chef-d'œuvre.

Il voulait une pièce « sans solution de continuité » et dont rien n'arrête, n'interrompt la coulée. Ce ciseleur de phrases comprenait la nécessité de l'écriture dramatique, *du monosyllabe, du mot qui mord mieux que la phrase. A une époque où la tirade sévissait encore (et combien dans les pièces de Dumas, notamment !), il trouvait ridicule le personnage qui tient trop longtemps le crachoir et finit par s'écouter seul parler. Il admettait Scribe dans une œuvre dramatique, à condition qu'il y fût le second. Il n'avait point la sottise de nier l'importance du* métier : *il disait simplement que le maître ne doit pas être éclipsé par le contremaître.*

Cet insurgé de qualité était un ami de l'ordre en toutes choses. Il croyait fermement que la grande comédie florissante au dix-septième siècle, avec Molière, et vivace encore avec Lesage et Beaumarchais, dans une organisation sociale fondée sur la hiérarchie ; que cette comédie avait reçu de la Révolution le coup de grâce. En tuant les Castes et le Loisir, celle-ci avait réduit la Comédie aux grossières imitations que l'esprit et les mœurs d'une démocratie inspirent uniquement, à l'observateur et au satiriste. Rire n'est pas le propre d'une société égalitaire. L'Envie ricane et ne rit point.

D'un homme dont le caractère et l'œuvre apparaissent ensemble réfractaires aux mésalliances, cette diatribe est toute naturelle.

Cependant, si, comme il le dit, la Comédie est la mise en action des vices et des ridicules humains modifiés, grossis et rendus grotesques par le fait du

milieu dans lequel ils se manifestent, la nouvelle société est aussi propice que l'ancienne à leur développement. La Démocratie n'a pas supprimé les vices
ni les ridicules : elle en a changé le milieu de culture.
Et Barbey le sait si bien, au fond, qu'il a intitulé
un de ses livres : Les ridicules du temps. Chaque
époque a les siens. L'abaissement des caractères, si
l'on veut qu'il y ait abaissement, ne compromet pas
plus l'existence de la Comédie de caractère, que la
dissolution des mœurs modernes ne ruine la Comédie
de mœurs. Raison de plus, au contraire, pour exercer
leurs droits. Pourquoi le Quatrième État au pouvoir,
n'aurait-il pas son prototype en M. Populus, comme
le Tiers fut personnifié naguère, assez bien, par
M. Poirier?

Les sujets et les personnages de Comédie abon-
dent. Que Molière ne soit plus là pour y toucher,
c'est un fait dont Barbey d'Aurevilly triomphe trop
aisément. De ce que l'ouvrier est inhabile ou asservi
par l'industrialisme, il ne faut pas conclure que la
matière manque. Elle est inépuisable ; chaque génération la pétrit, la signe et l'emporte avec elle ; mais
quelques hommes seulement, à travers les siècles,
lui font jeter un cri qu'on entendra toujours.

J'ai parlé de la magnificence verbale de Barbey
d'Aurevilly. Elle seule suffirait pour sauver de
l'oubli la moindre de ses pages. Feuilleton ou roman,
il ne bâclait rien et se respectait jusqu'en ces notes

hâtives dont le critique noircit son papier au sortir d'une salle de spectacle.

Il dira, par exemple, d'une représentation composée de Faute de s'entendre — Il ne faut jurer de rien — Le Dernier quartier : « *Trois petites choses, dont une perle, une vraie perle, celle-là :* Il ne faut jurer de rien ! (*si, pardieu ! j'en jurerais !*) *et les deux autres, deux perles de verre, mais qu'ils ont, ces acteurs, ces bijoutiers de la diction, enchâssées dans l'or fin d'un jeu si léger que les femmes qui étaient là, ce soir, les ont prises pour vraies et les ont mises, avec plaisir, à leurs oreilles.* »

Nul mieux que lui n'a fait jaillir des cailloux qu'il frotte les uns contre les autres, tant d'étincelles, qu'on en reste ébloui lorsque les cailloux sont retournés au tas.

Enfin, c'est peut-être le seul écrivain français qui puisse se permettre de jouer sur les mots jusqu'au calembour, sans rien perdre de son prestige ni de sa dignité. Il transmue en or les vocables du métal le plus vil, et, les ayant touchés de sa plume experte en l'art d'alchimie, il n'hésite pas à parer son style de ces bijoux que sa manière de les porter, rehausse. Il est pareil à ces collectionneurs dans la vitrine desquels ce qui vaudrait ailleurs quatre sous, vaut mille francs. Tout flamboie et rutile entre ses mains superbes.

Je n'ai vu, hélas ! que deux fois Barbey d'Aure-

villy, dans son petit logement de la rue Rousselet. C'était au déclin de ses jours. J'allais lui demander de mettre son paraphe écarlate sur la série des Œuvres et des hommes. Assis au coin d'une table encombrée, il trempait des mouillettes dans un bol de bouillon, et tel était son grand air, sa noblesse de geste et d'attitudes, qu'il semblait plutôt tremper un biscuit dans une coupe de champagne.

Il se leva. Il était vêtu d'une longue chemise blanche qui lui tombait jusqu'aux pieds...; et il m'apparut, à cette minute, comme un de ces croisés de jadis, toujours prêts à partir pour chasser les mécréants des Lieux saints. Il ne lui manquait que la croix sur la poitrine : mais il avait le signe au front !

Et tel il se dressa devant moi, tel je verrai toujours ce Pierre l'Ermite à présent enseveli, mais qui soulève la pierre de son sépulcre, but de pèlerinages, pour prêcher encore la croisade contre les infidèles.

LUCIEN DESCAVES.

PRÉFACE

I

Il y a dans les mœurs de ce temps un phénomène qui va tous les jours grandissant davantage, et qui, présentement, touche au monstrueux. C'est ce qu'on peut appeler l'*histrionisme*, ou l'amour du Théâtre et des choses de théâtre.

Le Théâtre est le tyran moderne. Il s'affirme outrecuidamment lui-même par l'organe de ceux qui en font la plus belle œuvre de l'esprit humain, et, jusqu'ici, nul critique ne s'est levé contre cette prétention intolérable et ridicule et ne lui a campé le démenti qu'elle méritait.

A l'heure qu'il est, le Théâtre despotise tout le monde, et c'est le seul despotisme dont personne ne se plaigne... Les gouvernements eux-mêmes sont ses très humbles serviteurs. La liberté des théâtres, qu'on vient de nous donner, est la preuve de l'importance énorme du Théâtre. En la décrétant, on a cru faire un royal et magnifique cadeau à la France du XIXe siècle, et on ne s'est pas trompé. L'esprit humain étant ce qu'il est à cette heure, c'en est un... Après la liberté de la boulangerie, la liberté des théâtres, c'était le *panem et circenses* antique, et même davantage ; car la liberté des théâtres est bien plus que le pain des Empereurs romains : c'est la *poule au pot* d'Henri IV, pour l'imagination publique... Seulement, pour nous qui ne partageons pas ce furieux amour du Théâtre, — qui est la fringale de ce temps, — pour nous qui ne tenons pas l'ergastule des amusements publics, comme ces infortunés gouvernements (il faut les plaindre et non les blâmer) qui ont devant eux le paupérisme intellectuel autant que l'autre paupérisme, et l'ennui des masses à conjurer autant que la faim, nous croyons que la liberté des théâtres, qui, dans un temps prochain, va multiplier toutes les espèces de productions théâtrales, peut être considérée — littérairement — comme une plaie d'Égypte à laquelle Moïse, qui s'était modestement contenté des grenouilles et des sauterelles, n'avait pas pensé.

Et, remarquez-le ! nous disons *littérairement*. Tous les moralistes un peu profonds, et, en particulier, les Pères de l'Église, se sont inscrits en faux contre les spectacles au point de vue de la moralité humaine et des symptômes de décadence que l'amour effréné du Théâtre accuse toujours chez les nations ; mais c'est là une thèse épuisée d'évidence, à laquelle il serait fastidieux de revenir. Nous, nous ne voulons qu'agiter la question littéraire. Selon nous, en effet, la littérature, la vraie, la grande et la forte littérature, n'a pas de plus mortelle ennemie que ce qu'on appelle la littérature du théâtre, et ce qui rend le péril plus menaçant encore pour la véritable littérature, c'est que la malheureuse ne s'en doute pas. Avec tout son esprit, elle est sur ce point sans pénétration et presque sans discernement. Troyenne imprudente, elle souffre Sinon dans son camp. Que dis-je? elle le festoie et le couronne. Elle a aussi l'amour, l'admiration et l'engouement du Théâtre et des choses du Théâtre, autant et plus que les illettrés, qui les adorent pour les plus basses et les plus immorales raisons.

Comme une foule d'êtres destinés à périr par leurs vices, aurait-elle donc l'amour de ce qui doit la tuer?... Que dis-je encore! elle en a la bassesse. Ce que David faisait devant l'Arche, elle le fait devant un tréteau. Elle supporte très bien de ne venir, dans l'opinion, qu'après la littérature théâtrale, et elle paie elle-même les violons et les trompettes des plus sottes gloires, nées sur les planches... Est-ce que le plus idiot vaudeville, pour peu qu'il soit représenté, ne trouve pas toujours à son service le compte rendu qu'un livre fort, réduit à sa seule force, ne trouverait jamais? Lisez les journaux et jugez! Les journaux, qui devraient être les éducateurs du public et qui n'en sont que les courtisans, quand ils n'en sont pas les courtisanes, ont créé des espèces de chaires de littérature théâtrale à jour fixe, très appointées et très amoureusement guignées de tout ce qui a plume : postes pleins d'agréments et d'importance, et d'autant plus charmants qu'ils sont indispensables !

Dans l'indifférence générale et morne où nous vivons pour la forte littérature, un journal pourrait, en effet, sans inconvénient d'aucune sorte, se priver du simple critique littéraire qui n'a que de la conscience et du talent, et qui choisit, parmi les œuvres injustement obscures ou impertinemment éclatantes, celles-là sur lesquelles il faut porter hardiment la lumière ou la main. Mais aucun n'oserait se passer du critique de Théâtre, de ce critique qui, lui, ne choisit rien ; car, pensionnaire de ses *entrées*, il est *obligé* de parler de tout ce qui se joue, se chante ou se saute, le long d'une semaine, dans un pays qui, ne se trouvant pas assez de théâtres comme cela, vient de dire le dernier mot du cabotinisme qui nous dévore en inventant les cafés chantants ! ! !

Le journal — autant qu'il le peut, le pauvre diable ! — se fait donc une continuation du Théâtre. Ses chaires du lundi professent moins la critique que la chronique et les applaudissements. Il *raconte* et claque, à sa manière, ce que le Théâtre *montre* et fait claquer à la sienne. Et encore s'il n'y avait que les feuilleto-nistes, ces Romains de la stalle d'orchestre, bien plus nécessaires que ceux du lustre ; s'il n'y avait que cette claque supérieure et savante qui nous parlât pompeusement de l'*art*, comme ils disent gravement, à propos de toutes les farces de ce temps ! Mais il n'est pas de si mince histrion, à cette heure, qui ne puisse nous battre les oreilles, quand il lui plaît, de la dignité de son art et de sa personne, et cela sans être ridicule. L'idolâtrie publique, qui a tout permis, a tout autorisé. N'avons-nous pas vu des comédiens, comme feu Bocage, qui se croyait, il est vrai, — madame Sand aidant à cette illusion, — le futur Consul de la République, sifflé pour son propre compte et non pour celui de la pièce dans laquelle il jouait, s'avancer sur le bord de la scène et faire sur sa dignité oùtragée un discours... qu'on applaudissait ! Telle est l'extrémité où nous sommes arrivés. Telle est, sans exagération, la préoccupation, l'enivrement, le gonflement, ou plutôt l'affolement du Théâtre. Et cet affolement est si universel, il a passé si profondément dans nos esprits et dans nos mœurs, que, comme la folie partagée, il ne fait horreur à personne, et que moi qui dénonce aujourd'hui comme monstrueux un pareil phénomène, c'est moi, je le parie, qui demain passerai pour un phénomène d'absurdité et de paradoxe, et c'est l'opinion que j'exprime qui sera la monstruosité.

II

Je sais, d'ailleurs, ce qu'on pourra répondre. Pour justifier cet amour effréné du Théâtre, on me répondra par le lieu commun des grands noms et des chefs-d'œuvre, alors même que le Théâtre n'en produit plus. Qui sait ? on me dira peut-être que cette furie du Théâtre, qui s'abat sur tant de productions imbécilles, n'est que la recherche, l'ardente recherche, trompée bien souvent, mais vivace, du chef-d'œuvre... à venir ! Mais Don Juan aussi cherchait, à travers toutes les femmes, son chef-d'œuvre de femme à aimer, et, en attendant qu'il le trouvât, l'abject et brillant Minotaure les prenait toutes et s'arrangeait des plus sales coquines et même des plus laids museaux ! C'est ainsi qu'en attendant l'œuvre de génie, qui ne vient pas, nous nous régalons de pièces révoltantes ou insipides, et que nous les trouvons savoureuses.

N'en doutez point ! pour défendre les plus indignes vogues, on évoquera les plus grands noms traditionnels qui n'ont que faire ici : Eschyle, Sophocle, Aristophane, et Shakespeare et Calderon, et Corneille et Racine, et Molière et Beaumarchais ! Mais on ne se demandera pas une seule fois si ces hommes de génie eux-mêmes, qu'aucun homme d'aujourd'hui ne rappelle, n'auraient pas gardé leur génie plus grand en ne se pliant pas aux règles étroites et uniformes du Théâtre, et, ce qui est bien pis, aux goûts toujours grossiers et aux passions toujours bêtes des publics les plus spirituels !

En d'autres termes, on ne regardera pas si les fautes, les infériorités, les côtés croulants ou déjà-croulés des plus belles œuvres dramatiques, ne tiennent pas, précisément, à cet asservissement au public et à ce qu'on appelle les règles de l'art théâtral. Pour mon compte, à moi, je ne serais pas embarrassé de prouver que les fautes reprochables aux œuvres de ces hommes qui furent, après tout, les maîtres dans l'art dramatique, vinrent du Théâtre et non pas d'eux. Molière et Shakespeare, en particulier, me serviraient à faire cette preuve ; car Molière et Shakespeare ne furent pas seulement, l'un et l'autre, de grands artistes rapetissés et pelotonnés, par leur volonté, pour tenir dans le misérable petit échiquier du Théâtre, mais ils furent aussi des directeurs de spectacle, et ils durent souffrir de cela au plus profond de leur génie.

L'*impresario* (et il y a toujours un peu d'*impresario* dans tout poète dramatique qui veut l'applaudissement sur place), l'*impresario*, ce valet du succès à tout prix et sous peine de ruine, matait cruellement l'homme de génie dans Shakespeare et dans Molière, et tous les deux durent s'indigner avec torture de cette diminution forcée de leurs conceptions, si souvent sacrifiées à la fortune de leurs spectacles. Molière en souffrit moins que Shakespeare sans doute, parce qu'il y avait moins d'abîmes entre son génie et son public ; mais pour Shakespeare, ah ! ce dut être affreux ! Ce n'est pas, comme le dit sa légende, d'avoir tenu la bride aux chevaux des gentilshommes de son temps à la porte des théâtres que je le plains, ce pauvre et grand Shakespeare ! C'est d'avoir été obligé de mêler à ses plus belles œuvres les *olla podrida* qui devaient le plus répugner à une nature aussi haute et aussi exquise que la sienne, et qu'il fallait pourtant servir à ces porcs saxons, dont il dépendait, puisque leurs applaudissements étaient pour lui la vie et la gloire. Tenir par la bride un beau cheval qui piaffe et qui frémit d'attendre, et qui blanchit le mors sur votre main, c'est presque un agréable emploi de la force calme et sereine, et d'ailleurs une noble attitude. Eh bien, ce tête-à-tête du doux Shakespeare avec un superbe animal dont il contient l'ardeur, de cette petite main qui traça *Juliette* et *Ophélie* et que Southampton trouvait une main de gentilhomme encore plus que la sienne, me semble moins dur que de couler sa pensée, pour plaire à une foule, dans ce moule de la scène qui la brise, la mutile ou l'émiette toujours !

III

Car, disons-le, voilà l'infériorité essentielle du Théâtre, voilà ce qui met l'art dramatique au-dessous

de toutes les autres grandes formes de la pensée.
Prenez-les toutes. Parcourez tout le registre de l'esprit humain, depuis le poëme épique, qui est le roman
des peuples primitifs, jusqu'au roman, qui est le poëme
épique des peuples modernes, et vous verrez si l'art
dramatique, avec les conventions qui le régissent,
n'est pas la moins profonde, la moins complète et la
moins puissante par elle-même des hautes compo-
sitions littéraires.

Il y a dans tout une hiérarchie. L'art théâtral est
comme l'architecture ; c'est un art qui ne va pas seul.
Qu'on me passe le mot ! c'est un art mendiant qui demande aux autres.

Comme l'architecture, le plus *composite* des arts, —
pour parler sa langue, — et qui embrasse la statuaire,
la peinture, le dessin, l'ornementation, la géométrie,
l'art dramatique est le résultat d'un ensemble de
choses qui ne sont pas lui-même : il lui faut l'acteur
ou le chanteur, le décor, toutes les magies intermé-
diaires qui vont de la pensée aux sens. Quel remue-
ménage !

Malebranche disait que Dieu, parce qu'il était Dieu,
ne pouvait agir que par les voies les plus simples. Je
n'en sais rien pour Dieu, mais pour l'art, j'en suis sûr.

Un homme solitaire, qui trace sur une feuille de
papier tellière, et avec une plume pour tout appareil,
quelque chose comme les *Parents pauvres*, par exemple,
et secoue le cœur et féconde le cerveau, non pas d'une

1.

multitude en masse, mais de tous les esprits élevés, un à un, avec sa seule observation, sa seule invention, sa seule fantaisie, et dans une langue qu'à la scène il n'est pas permis de parler parce qu'elle n'est pas assez la langue de tout le monde et qu'elle est trop d'un écrivain ayant sa personnalité, dispose d'une bien autre puissance que le poète dramatique le plus fort, le plus habilement et le plus profondément *machiné!*

Et comment en serait-il autrement, du reste ?

Les *Parents pauvres*, ou, pour mieux dire, tout roman, a, nécessairement, tout ce que le drame prétend avoir : la vie, la passion, les situations, les caractères ; mais, de plus que la vie et la passion, il a ce qui les explique toutes les deux : l'analyse, la réflexion, toutes les généralités et les aperçus de la pensée ; et s'il veut peindre la nature extérieure, — la moitié de ce monde ! — il n'a pas besoin de décorateur.

Certes! il est évident qu'il est des esprits qui ont vocation de Théâtre, qui sont faits pour s'emboîter et s'ajuster là-dedans, et s'aider des ressources matérielles qu'offre la scène aux indigences de la pensée. Mais pour qu'un homme de la grandeur et de la pureté d'esprit de Shakespeare se soit fait, de Poète absolu qu'il était, un amuseur dramatique, et qu'il ait gagné à cela le nom de Barbare ; pour que ce génie, aux ailes les plus longues qu'on ait vues, ait dansé dans ces sabots de plomb, ne fallait-il pas vraiment que le hasard de la vie, ce monstre sourd et aveugle, eût réduit le braconnier en fuite à devenir le comédien ambulant ? Nous avons vu, de notre temps, plus incompréhensible encore. Balzac n'avait pas l'excuse de Shakespeare, et nous l'avons vu, en pleine possession de lui-même et sûr d'une gloire de romancier incomparable, interrompre l'Escalier de géants de sa *Comédie humaine*, qui, sous sa main, montait toujours, pour faire, comme on dit, du Théâtre, tant, malgré la force de son génie, il s'était laissé envahir et pénétrer par les idées de ce siècle, qui a fait de la gloire du Théâtre la première des gloires par pur amour de l'histrion et de lui-même, — et je dis de lui-même encore plus que de l'histrion !

IV

En effet, la gloire du Théâtre, ce sont les masses qui la font, — qui la font instantanément, subitement, en un soir ou quelques soirs, de leurs propres mains d'enfants robustes, surprises toujours, souvent enivrées ! L'art dramatique relève des masses ; ce sont elles qui sont ses suzeraines, et elles n'applaudissent à ses œuvres que quand ces œuvres les réfléchissent dans leurs idées, leurs sentiments et leurs passions. A toutes les époques de l'histoire, le Théâtre a cherché toujours à se mettre de niveau avec l'intelligence des masses par lesquelles il vit et auxquelles il s'adresse, et c'est justement parce qu'il est, comme je l'ai montré, inférieur, matériel, et d'un développement bientôt épuisé, tant il est rapide ! que les multitudes le préfèrent aux œuvres trop raffinées ou trop grandioses qu'elles ne comprennent pas.

Passé un certain point dans le vrai et le beau, le poète ou l'auteur dramatique échappe aux publics qui l'écoutent. Il ne dessert jamais que la moyenne de l'humanité. Il a beaucoup de l'orateur, mais c'est un orateur énorme et multiple, qui a autant de voix que de personnages dans ses œuvres. C'est la tribune du peuple dans l'art, mais il n'y a pas que lui sur les rostres ! Comme tous les orateurs et comme tous les tribuns, du reste, il peut être aisément dangereux. La tentation du faux est toujours à son coude. Le mot a été dit par un poète dramatique : « A la scène, il faut frapper plus fort que juste », comme le mot : « L'action, c'est toute l'éloquence », a été dit par un orateur. Confession naïvement cynique, qui dit bien comme ces gens-là se préoccupent du fond de la pensée, de la justesse, de la justice, et en toutes choses de la vérité ! Mais aussi, voilà précisément pourquoi il faut surveiller les discours des orateurs et les œuvres dramatiques. Voilà pourquoi les Critiques sont plus nécessaires aux choses de Théâtre qu'à toutes les autres choses de la pensée. Voilà pourquoi les Critiques de Théâtre qui ont parfois du talent et qui peuvent former une très aimable société dans le salon d'un directeur et d'une actrice, sont tenus d'être plus sévères et sur-

tout plus indépendants que tous les autres Critiques.
Comme les autres, ils ont à défendre dans leur ressort la vérité littéraire, historique et morale, si facile
à fausser partout, mais plus facile à fausser qu'ailleurs devant des parterres d'ignorants, devant des
esprits terre à terre...

V

Eh bien, ce que l'histoire et la conscience littéraire
exigent dans les Critiques de Théâtre, on essaiera de le
faire ici ! L'auteur de ce livre n'a certes pas l'amour
fou de son temps pour le Théâtre, mais il ne le hait
pas non plus. Il se contente de le mettre tranquille-
ment à sa place dans la hiérarchie des choses de l'art
et de la pensée. Tout en méprisant singulièrement les
mœurs cabotines de ce temps, et déterminé à leur
faire la guerre autant qu'il le pourra, — en les salant
de tout ce qu'il a de sel, — l'auteur de ceci n'entend
nullement donner sa démission du Théâtre. Il n'est ni
puritain ni bégueule à ce point. Au contraire. Par
cela même que le Théâtre est également la coqueluche
du salon et de la rue, — du salon qui (moralement) en
tousse, mais de la rue qui en crève, — le livre que
voici fait donc des feuilletons de Théâtre ; il aura
même son feuilleton de feuilletons ! Il ne se contentera
pas des pièces dont il fera la critique, et jugera les
juges qui auront jugé et leurs jugements...

J. B. ᴅ'A.

LES DIRECTEURS DE THÉATRE (1)

***

Mercredi, 25 avril 1866.

I

Il s'est produit, en ces derniers temps, de certains mouvements dans les directions de Théâtre qui ont fait ouvrir l'œil — et surtout la main — à cette foule de prétentions et d'avidités qui dorment, à fleur d'eau, dans tous les parages, et qu'un rien éveille et agite... Ici, ce n'était pas un rien. Les Directions de Théâtre sont de ces gros morceaux qui, dans nos mœurs actuelles, doivent tenter toutes les convoitises, électriser toutes les cupidités. D'ailleurs, à toute époque, en France, dans ce pays frivole, extérieur, vaniteux, passionné de femmes et de spectacles, dans ce pays

1. *Nain jaune.*

de la *Galerie*, enfin, comme on l'a nommé d'une expression empruntée au théâtre lui-même, les Directions de Théâtre, très importantes partout, ont une importance plus grande que nulle part... Je ne connais rien qui chausse mieux l'ambition française que ces espèces de Ministères au département du plaisir.

Aussi l'ambition française s'est-elle émue et les femmes même l'ont partagée. Il est vrai que les femmes, pour l'heure, deviennent des hommes de plus en plus, et posent avec une arrogance, heureusement désarmée encore, le droit au partage, comme si elles avaient dans les mains la lance du commandement... La *Femme à barbe*, dont on parle tant, n'est pas qu'une chanson... Et, du reste, une expérience a déjà été faite... La Direction Céleste Mogador n'a pas, le temps qu'elle a duré, été plus mauvaise que les autres Directions de Théâtre.

Je peux en convenir si on veut. A prendre pour renseignement et pour guide l'histoire des Directions de Théâtre comme elle existe depuis plus de trente ans, et en supposant, ce qu'à Dieu ne plaise! que cette histoire ne doive pas changer, les femmes *à barbe* ou sans barbe seraient aussi aptes à de telles besognes que les hommes qui, jusqu'ici, les ont faites. Elles n'y auraient certes pas montré, si on les y avait mises, plus d'incapacité radicale, d'ineptie naturelle, de petites passions, de vanité, de mépris des choses morales et littéraires que, sauf quelques exceptions bien rares, les hommes que nous y avons vus ! Elles n'auraient pas fait reluire, dans ces charges d'âmes et d'esprits qu'on appelle des Directions de Théâtre, un écrin plus charmant et plus complet de tous les vices de gouvernement.

Figurez-vous, en effet, qu'on l'écrivît, cette histoire ! Figurez-vous qu'un Suétone de coulisses, — car il en faudrait un, et qui écrivît en latin encore ! — nous traçât l'histoire des Directeurs de Théâtre depuis environ trente-cinq ans, de ces petits Césars et Césarions de derrière la scène dans lesquels pourrait manquer Néron, qui, le scélérat ! était un artiste, mais ne manqueraient ni Vitellius, ni Claude. Figurez-vous la chronique vraie et scandaleuse — et d'autant plus vraie qu'elle serait plus scandaleuse ! — de ces gro⁄   ⁊es et despotiques sultans Misapouf qui mènent ɔurs directions comme les sultans (les derniers !) menaient leur empire, quel monument plus curieux aurions-nous, et quelle explication meilleure de la corruption du Théâtre et de son abaissement progressif jusqu'à ce profond degré d'abjection et de décadence où, présentement, nous le voyons ? Malheureusement, ceux qui pourraient l'écrire l'ayant trop faite pour la raconter, il faut renoncer à cette histoire — lamentable et risible en même temps ! — qui aurait les deux masques comme l'antique Génie de la Comédie elle-même : le masque qui rit et celui qui pleure, — celui-là du moins qui devrait pleurer ! Mais si nous ne l'avions pas et qu'il nous fallût regretter les annales détaillées de tout ce Bas-Empire, avec ses anecdotes, ses biographies, les secrets de ses Petits-Cabinets, toutes ces choses dont les rayons épars et concentrés font l'histoire, nous avons au moins ce qui suffit, aux moralistes comme aux hommes d'État, pour bien comprendre et bien juger. Nous avons les résultats obtenus, qui sont déplorables. Nous avons le Théâtre contemporain tout entier, qui se dresse comme une accusation et comme une lumière contre les Directeurs qui l'ont *dirigé* sur l'écueil, — l'écueil de vase où, en ce moment, il échoue !

II

Et de fait, ce sont les Directeurs de Théâtre — et le temps est venu de le dire assez haut pour être entendu — qu'on peut regarder comme les grands coupables et les grands responsables de la situation désastreuse et honteuse dans laquelle est tombée, peut-être pour ne s'en relever jamais, la littérature dramatique de cette heure du siècle ! En matière de théâtre, le pouvoir organisé ce sont les Directions, et c'est à elles que je tire d'abord... Comme les Directeurs de journaux, à qui nous l'avons reproché dix fois et à qui nous ne cesserons jamais de le reprocher, comme ces Directeurs de journaux qui pouvaient avoir tant de puissance et qui ne l'ont pas voulu, les Directeurs de Théâtre (ces singuliers directeurs !) ne dirigent pas, mais suivent... Ils étaient généraux ; ils se sont faits soldats. Ils ont suivi le gros de l'armée. Ils ont suivi l'opinion, à laquelle ils ont obéi ; ils ont suivi le mauvais goût public et ses fausses lumières, les passions du moment qu'ils développent, l'engouement de la circonstance, la mode, et que sais-je? tout ce qui pousse au succès immédiat et grossier, qu'on appelle le *succès d'argent*, qui a été le vrai succès pour eux ! A aucune époque, je le sais bien, le théâtre, que l'on considère, à tort, beaucoup plus comme un amusement que comme un enseignement, n'a eu chez nous la gravité d'institution qu'il aurait dû avoir. Pas même sous l'ancienne monarchie, où, pour relever et honorer la notion du théâtre, on avait inventé de donner aux quatre gentilshommes de la Chambre du Roi une haute main seigneuriale sur les quatre théâtres royaux ; haute main, en somme, un peu dérisoire, puisqu'on n'en a jamais rien cité que quelques emprisonnements au Fort l'Évêque avant la Révolution, et plus tard, que quelques jupons de danseuse allongés par la pudeur ou par la jalousie de M. de La Rochefoucauld. Tel fut tout l'effort du passé en faveur du théâtre. Mais, à présent que sa notion même est descendue comme toutes les autres, le Théâtre, trop abandonné du Pouvoir, n'a guères plus été qu'une entreprise industrielle, mêlée d'administration, d'art et de littérature, et, comme on dit cyniquement, car la langue dit quelquefois très juste et on n'en comprend pas toujours la propriété cruelle, « l'exploitation d'un privilège ». Du moment, en effet, qu'on ne se préoccupait pas d'une manière absolue des considérations qui doivent tout emporter en matière de théâtre ; quand ce n'était ni de la grandeur ni de la beauté des œuvres qu'on y joue, ni du respect des mœurs et de l'intelligence publique qu'il s'agissait, ni de l'éducation du peuple, qui est certainement la plus importante des questions que soulève cette question-mère du théâtre, ni de l'élan à donner aux littérateurs et aux artistes, ni de rien enfin de ce qui pouvait faire des Directions de grandioses magistratures, le théâtre ne devait plus être qu'une vaste boutique où l'on vendait moins d'idées que de sensations. Or, pour tenir de tels bazars, il ne fallait que ce qu'il faut pour tenir tous les bazars du monde, et l'on a facilement trouvé ! Comme dans tous les bazars, on a vu s'étaler dans les Directions de Théâtre, et détaler, les uns après les autres, des gens de toute spécialité et de toutes races. Bohèmes de lettres ou sans lettres, bourgeois de la rue Saint-Denis qui avaient fait ou qui voulaient faire leur fortune, juifs sans chapeau jaune, turcs sans turbans, mais Turcarets sur toutes les coutures, — tous ou presque tous Turcarets ! On ne le serait pas avant d'entrer dans une direction de théâtre qu'on le deviendrait là... Et, j'en préviens, pour le cas bien improbable où le turcarétisme manquerait un jour en France, les directions de théâtre sont le milieu le plus développant et l'école la plus salutaire pour l'élevage des Turcarets.

Étrange spectacle, n'est-ce pas ?... le plus curieux spectacle que nous devions à ces Directeurs de spectacles, c'est eux-mêmes ! La meilleure de leurs pièces, c'est eux, dans l'exercice de leurs augustes fonctions, comme « Mônsieure le maire », dans les *Saltimbanques;* supérieurs même à « Mônsieure le maire », parce qu'ils sont tout ensemble « Mônsieure le maire » et Bilboquet. En avons-nous vu, juste Dieu ! depuis trente-cinq ans, de ces mi-partis de Bilboquet et de « Mônsieur le maire », passer devant nous, comme des masques, après souper. Défilé de fantoches, de bamboches, de caboches ! Les uns désolés, les autres triomphants ; les uns requinqués, leur fortune faite, traînés à quatre chevaux, cravatés jusque par-dessus la tête, à la manière de Robert Macaire, ce Talleyrand encanaillé, et presque des hommes politiques, grâce... à leur cuisinière. Les autres foudroyés, déguenillés, abattus comme le légendaire Harel, qui, du moins, n'était pas un maquignon vulgaire parmi tous ces maquignons directoriaux, dont le plus souvent toute l'habileté ne se haussait qu'à peindre le cheval qu'on voulait vendre, sans songer à la pluie qui allait tout à l'heure le démaquiller ! En avons-nous vu de ces imposants gouverneurs de la scène française, de ces introducteurs du Génie dans la publicité, Fontanaroses et Barnums, marchands de pâte pectorale pour les chanteurs enrhumés, commerçants tombés dans les malheurs, hommes de lettres ratés, qui ont enfin trouvé une bonne occasion de prendre leur revanche contre des camarades de plus de talent qu'eux, directeurs de Revue politique qui ne savaient pas l'orthographe et dont on payait les services incorrects en leur donnant le droit de faire la correction aux autres ! Il y en eut même jusqu'à un qui n'avait pour tout mérite que de saluer en plongeon, ce qui, du reste, était une politesse et une rareté dans ce pays où parfois les Turcarets sont doublés de Tuffières, et où les Barras de ces directoires... de théâtre, déboutonnés, familiers, tutoyants comme l'autre Barras, n'en ont pas moins des jours féroces de vanité de marquis sans l'être ! Tels on les a vus et tels on peut les voir encore, à peu de chose près, dans la personne de leurs successeurs, ces fameux directeurs tombés maintenant presque au niveau des montreurs de bêtes, et qui n'en sent pas moins des montreurs de bêtises, par-dessus le marché !

Car ils changent fort peu, ces Directeurs. L'originalité leur manque. Je ne dirai point que qui en a vu un les a tous vus ; mais, pour la plupart, c'est la même manière de se conduire dans la même fonction. C'est la même insouciance de l'art et des lettres et de leurs destinées, le même sentiment d'entrepreneur dans une grande affaire, la même fureur d'attirer la foule à son théâtre par toutes voies et moyens quels qu'ils soient, les plus grossiers, les plus matériels, les plus niais et qui deviendraient les plus coupables, si le pouvoir, qui y veille encore, cessait d'y veiller. Pour le dire en passant, on a quelquefois parlé des tyrannies de la censure, et il faut avouer qu'elle n'est une bonne institution qu'à la condition d'être exercée par des intelligences très délicates et très élevées, ayant un noble souci de la dignité de la littérature. Mais essayez de supprimer un instant cette censure, — qui peut mettre parfois, j'en conviens, des brassières un peu courtes au génie, — et, quand il s'agit de la moralité des spectacles qui doivent être mis sous les yeux du public, rapportez-vous-en aux Directeurs de Théâtre *seuls*, et vous verrez ! Vous verrez si l'*impresario*, plus fort que tout dans ces Directeurs de Théâtre, qui devraient être des Moralités et des Intelligences avant d'être des spéculateurs, ne calculera pas sur les passions et les curiosités plus ou moins impures de la foule, et s'il ne s'établira pas entre les différents théâtres un *steeple-chase* d'immoralités ! Et, d'ailleurs, il faut être juste, si les Directeurs de Théâtre se ressemblent tous en plus ou en moins, malgré la différence de leurs infortunes et de leurs réussites ; si, depuis tant d'années, ils tournent dans le cercle vicieux d'une situation auquel ils ajoutent leurs propres vices ; si l'esprit général des Directions de Théâtre ne se modifie jamais et semble de la plus haute incapacité, uniformément coulée en bronze, c'est que, quand il s'agit de porter sur ces toutes-puissantes Directions une main indépendante et vigoureuse, toute Critique désarme et s'enfuit... Et ici nous touchons à une question terrible, — à une question qui est une plaie vive de ce temps, et que j'appelle : l'Histrionisme de nos mœurs.

III

L'Histrionisme de nos mœurs! Le mot va choquer, je n'en fais aucun doute, et tant mieux, du
reste. Il en prouvera mieux qu'il est vrai. Descendant de la race latine, de cette race qui criait : *Du
pain et des spectacles! Panem et circenses!* au fond
des ergastules où elle se mourait, et qui a dominé
de son influence nos origines barbares, nous
autres Français nous avons toujours montré, à
toutes les époques de notre histoire, le goût le plus
vif pour le théâtre. Et, quoique les esprits sévères
puissent excuser (ils ne peuvent que cela) ce goût
du théâtre, qui tenait à un instinct de sociabilité
très marqué et à une foule de sentiments constitutifs de notre personnalité de peuple, cependant, —
il faut le reconnaître, — depuis quelque temps,
il a pris des proportions si exorbitantes qu'il
peut inquiéter très légitimement le moraliste et le
penseur. Les peuples usés par des civilisations excessives ont seuls, en effet, de ces rages de spectacles auxquels ils sacrifieraient tout, même le
pain, je crois, que les Romains avec les jeux du
cirque demandaient encore. Or, voici la raison
d'être inquiet; c'est un symptôme de décadence,

et tout, depuis trois siècles, l'a précisé chez nous
et développé avec furie. Le Théâtre est devenu
l'affaire la plus grande de notre loisir. Nous
n'avons plus été un peuple possédant un théâtre.
Nous avons été, littéralement, un peuple possédé
par le théâtre. La littérature dramatique, qui est,
au fond, une forme inférieure de littérature, de
cela seul qu'elle s'adresse aux foules au lieu de
s'adresser à la personnalité solitaire, et nonobs-
tant des créateurs comme Shakespeare et Molière
qui se sont servis de cette forme avec la supériorité de leur génie, la littérature dramatique a été
non pas la première littérature de ce pays, mais
celle qui pourrait bien être la seule littérature demain. A part même toute littérature et tout amour
littéraire, le théâtre ne régnerait pas moins sur
nous quand nous serions arrivés à ne plus comprendre ses beautés possibles et ses grandeurs.
Oui ! le théâtre pour le théâtre, le théâtre pour les
sensations qu'il nous donne, pour les sensualités
et les vanités qu'il éveille, pour les corruptions de
tout genre qui s'en échappent, pour les mille
contagions électriques qui nous y dissolvent dans
leur incendie. Corrompus comme tout vieux
peuple, mais encore plus vaniteux que corrompus,
nous trouvons dans ces rassemblements étagés
d'une brillante salle de spectacle des espaliers
pour nos vanités bien plus vastes et bien plus ex-

posés à tous les soleils des regards, de l'admiration et de l'envie, que le long des lambris de quelque salon que ce soit. Pour avoir une idée de cela, il faut avoir observé, un jour de première représentation, une salle de spectacle, ce Pandémonium de vanités et de curiosités en flammes! Il n'y a que la moitié du spectacle sur la scène, mais dans la salle toutes les femmes sont actrices à leur manière, tous les hommes acteurs. Et il vous vient à la pensée le mot de Bossuet sur la comédie et dont vous comprenez pour la première fois l'étonnante profondeur : « Le spectateur du *dehors* est au *dedans* un acteur secret. » Le comédien, en effet, entre dans vous, se fond dans votre moelle, et voilà comment ce que j'appelle l'histrionisme vient à naître et envahit les mœurs. Choses de théâtre, esprit de théâtre, mœurs du théâtre, modes du théâtre, ont bientôt rongé, vidé, *trichiné* la plus robuste personnalité du peuple et il est devenu, autant qu'il l'a pu, histrion! Alors, encore, vous comprenez que, dans une pareille société, les Directions de théâtre soient d'incomparables situations avec lesquelles tout le monde soit en coquetterie, si ce n'est en servage. Vous comprenez que les Rois s'en aillent, que les Religions tombent, qu'on siffle, jusqu'à en casser son sifflet, la pretintaille des Académies, mais que les Directions de théâtre restent debout, qu'elles soient des espèces

de gouvernements invariables, des espèces de forteresses et de châteaux Ripaille auxquels il n'est
pas bien sûr de toucher...

Mais n'importe! les géants ne font pas peur aux
nains. Nous voulons y toucher!

LE TOURBILLON (1)

Mercredi, 16 mai 1866.

I

Le théâtre du Gymnase est présentement, de fait, le premier Théâtre-Français. L'autre, qui en mérita longtemps le nom et qui le porte encore, n'est plus qu'une nécropole, — une chose morte et creuse, où reviennent des voix sépulcrales, quelque chose enfin comme l'Académie, cette institution de fantômes. J'en suis bien fâché pour les vieux classiques, mais c'est comme cela. Seulement, pour être plus vivant que ce grand bonhomme trépassé de Théâtre-Français, le Gymnase n'a pas pourtant de quoi être bien fier... Fondé par Scribe, ce peintre de bonbonnières, qui fit

1. *Nain jaune.*

2.

croire aux bourgeois de son temps que ses petits
dessus de boîtes étaient des tableaux de mœurs, le
Gymnase est resté le théâtre favori de la bourgeoisie, et c'est là dedans que cette madame, qui
règne, aime à mirer ses charmes... Elle est assez
de taille avec ce miroir... Le Gymnase est toujours
le théâtre de cette classe prédominante, qui n'a
pas plus l'esprit littéraire que l'esprit politique,
qui n'en est plus à ses débuts dans le monde
comme au temps de Scribe, son printemps ! quand
elle avait encore un peu d'élégance et d'honnêteté,
— l'élégance et l'honnêteté de toute jeunesse ! —
mais qui, à présent, a fait ses affaires et a lâché,
pour être plus à l'aise, la sous-ventrière à son
égoïsme et à sa corruption. Or, c'est précisément
pour cela que le Gymnase est presque le seul
théâtre qui vaille la peine d'être suivi et étudié par
ceux qui, derrière tout théâtre, mettent une société...

En effet, prenez tous les autres ! Les théâtres de
mélodrames où les portières pleurent, les théâtres
de farces où viennent rire les ministres d'État et
les ambassadeurs étrangers, le théâtre à musique
où les gens nerveux se donnent de l'extase, n'expriment pas plus une société que le Théâtre-Français, ce Viennet des Théâtres, où l'on fait des vers
pour l'honneur des murs de la maison de Molière,
respectueuse tradition ! Tout ce qui est vivant de

la vie contemporaine va donc au Gymnase. Nous y avons vu *Mercadet*. Nous y avons vu, depuis Scribe, bien des esprits... pas si forts que Balzac, mais qui se croyaient et qui se croient certainement bien plus forts ~ue Scribe, et qui, par cela seul qu'ils entraient au Gymnase, malgré l'agrandissement des prétentions et des charpentes, devenaient plus ou moins Scribes, comme les plus grands diables devenaient plus ou moins petits en entrant dans le Pandémonium. Aujourd'hui, il ne s'agira dans cet article ni de ces esprits ni de ces influences de milieu. MM. Raymond Deslandes et Michel Carré sont naturellement, non pas des Scribes, — si je le disais, ils ne le croiraient pas! — mais des scribouillants, qui, partout où ils écriraient, scribouilleraient comme ils viennent de le faire au Théâtre du Gymnase, où ils n'ont pas craint d'aborder cette grande charpente de cinq actes que Scribe avait été obligé d'aller chercher au Théâtre-Français, quand ce Tom Pouce prolifique du vaudeville se sentit devenir de taille d'homme sur la fin de sa vie et cassa de sa tête, pour en sortir, le couvercle de sa tabatière à couplets. MM. Raymond Deslandes et Michel Carré ont réussi. Ils ont été applaudis de la bourgeoisie du Gymnase, avec cette absence d'enthousiasme, il est vrai, qui la caractérise, et sans ce succès nous n'aurions peut-être pas parlé de leur pièce. Mais nous sommes bien aise de rechercher ce qui, dans cette pièce, a plu à messieurs les bourgeois !

Est-ce donc que la bourgeoisie s'y serait reconnue? S'y serait-elle reconnue en province? S'y serait-elle reconnue à Paris? Qu'y voit-elle? Qu'y a-t-elle compris, à cette pièce ? Si c'est la société française, nous n'avons plus qu'à donner notre démission de société française; car nous ne sommes plus ni des Français ni une société !

Nous sommes des joueurs, des escrocs et des filles, et nous parlons plat, au lieu de parler français qui est relief.

Nous ne savons si ce que nous faisons est comédie ou drame.

Et nous ne savons pas même nommer une pièce ! Nous appelons la nôtre : « *Tourbillon!* » *Tourbillon!* devine qui pourra ! Tourbillon? Je sais ce qu'est un tourbillon de vent, un tourbillon de mer, un tourbillon de poussière, et même ce que c'est que le tourbillon du monde; mais le tourbillon tout seul, le tourbillon abstrait! Tourbillon ! corbillon ! tatillon ! — Corbillon de sottises, tatillon d'inconséquences, — ce drame, — tout aussi bien que tourbillon! Tourbillon, ma foi! ce n'est pas celui de l'esprit qui vous emporte, dans cette pièce, de l'esprit qui fait tourner les têtes et donne un délicieux vertige. On y reste très assis, très tranquille, et pas entraîné du tout, regardant bêtement cette chose qui s'est donc crue irrésistible puisqu'elle s'est appelée « Tourbillon » !

II

Ainsi, des joueurs, des escrocs et des filles. Mais ce n'est pas tout : il y a aussi de la bonne compagnie et des honnêtes gens. Les voici :

D'abord, des pères de famille qui aiment mieux vivre à Paris avec des drôlesses et présider des cercles que d'élever leurs enfants.

Ensuite, des ingénues de province, arrivant par le chemin de fer, comme on arrivait autrefois par le coche, chez leur papa, un vieux viveur, qui n'a pas nettoyé sa maison de ses anciennes maîtresses, ni son album de leurs portraits, avant de recevoir sa fille, et ces ingénues qui veulent être aimables, et qui déjeunent pour la première fois avec leur père, ayant littéralement la tenue des demoiselles en bonne fortune et qui ont l'habitude d'y aller, et qui admirent, vous savez de quel œil ! toutes les pièces d'un mobilier de garçon.

Puis des femmes *comme il faut*, mariées, vertueuses, et qui ne sont pas folles, payant sous main les dettes d'un jeune homme parce qu'elles l'ont trouvé gentil, et cela au risque de se déshonorer et de le déshonorer, — tous les deux !

Puis, encore, des gentilshommes qui ont oublié la loi de l'épée, et qui se vengent de l'amant présumé de leur femme avec des moyens d'une bassesse de goujat.

Enfin, pour toute morale de la pièce, un vieux bonhomme qui raconte, à propos de tout, son passé de mauvais sujet, plumé, dupé, daubé, ruiné, mis sur les dents qu'il n'a plus, par les drôlesses de son temps qui ressemblent, comme deux gouttes d'eau sale se ressemblent, aux drôlesses du nôtre, — car la femme qui fait métier de sa jupe n'a qu'une manière de la trousser, — et ledit bonhomme disant à chaque bout de champ : « Imitez-moi, mes fils ! » les pieds déjà dans le cercueil !

Gaîté funèbre, vieillesse majestueuse !

Et tout cela monté, grimpé sur des rengaines qui sont les jambes en flûte de ce drame, qui n'est pas grue que par les jambes. car on y attend vainement, pendant les cinq actes qu'il dure, une situation qui ne soit pas usée comme pantoufle, une scène qui commence et dont on ne puisse pas, dès les premiers mots, prévoir la fin, et un seul trait qui s'enfonce, au moins avec la force comique, dans la plate et dégoûtante réalité.

III

Mon Dieu! je ne suis pas impitoyable pour ces pauvres auteurs dramatiques qui osent se colleter avec l'épouvantable difficulté de ce qu'on appelle « faire de la comédie ». Je sais bien que dans cette sphère inférieure du Théâtre, l'Invention n'a pas les coudées franches qu'elle a ailleurs. Je sais bien qu'on y réfléchit plus qu'on y crée, qu'on y est esclave de ses modèles, et que, même quand on les flétrit, on est tenu de les reproduire. En cela, la Comédie, fût-ce sous les plus grandes mains et les plus pures, a je ne sais quelle inévitable immoralité. C'est la société qui s'impose au poète comique; ce n'est pas lui qui s'impose à la société. Il ne l'a pas faite, et elle est le fond de son œuvre. Si cette société, composée de familles et de classes autrefois, n'est plus qu'un cercle plus ou moins américain; si les jeunes gens de cette société sont devenus, de dandys et de spirituels, d'imbécilles gandins; si dans cette société de meurt-de-faim égalitaires, obligés à travailler pour vivre, les oisifs sont nécessairement des coquins, qui trichent au jeu par industrie, et dont le nombre, se multipliant dans nos mœurs, entre forcément par là dans la comédie contemporaine; enfin, si, dans cette société renouvelée (disent les progressistes) où les jeunes filles de seize ans ont, même dans la rue, des regards plus hardis que ceux de leurs mères et font baisser les yeux aux observateurs de quarante ans, il y a des innocences, élevées en province, qui se permettent avec leurs pères des câlineries et des attitudes qui prouvent que la limite des sentiments n'existe plus et que toute nuance et toute délicatesse ont disparu de cette société matérielle, il n'en faut pas moins peindre ces cercles américains, ces gandins, ces voleurs au jeu et ces jeunes filles qui seront les mères demain de la génération future. Oui ! il faut peindre tout cela, — sous peine de renoncer à la comédie du XIXe siècle. Si Molière revenait dans notre temps, il serait tenu de pétrir cette pâte... Mais il y mettrait le coup d'ongle qui grave, sur l'immoralité d'une société, la moralité du génie. Eh bien, c'est cette profonde incision, c'est ce coup d'ongle que je ne vois pas dans la pièce de MM. Raymond Deslandes et Michel Carré, quoiqu'ils aient quatre mains et vingt doigts à eux deux ! MM. Raymond Deslandes et Michel Carré ont offert à la bourgeoisie du Gymnase une platée d'indécences, mêlée d'infamies, je ne dirai pas à la crème, — car la crème mousse, et on peut la fouetter : or ces messieurs n'ont rien fouetté du tout, — mais à la purée de concombre, et leurs acteurs (car on est coupable de tous ses acteurs comme de sa pièce) ont ajouté leurs personnes à leurs personnages, ce qui vraiment était de trop en fait de mauvais ton et d'indécence. La pièce suffisait.

Le dernier mot de cette pièce a été le mot si neuf et si peu appliqué, comme on sait, depuis que la Bible est écrite : « Le retour de l'enfant prodigue. » Seulement je trouve plus beau, plus dramatique et plus moral, celui qui avait gardé les cochons. Les garder expie au moins un peu d'avoir vécu avec eux...

MESDAMES DE MONTANBRÈCHE (1)

Mercredi 1ᵉʳ août 1866.

I

Ils ont applaudi. Ils ont ri. Les femmes riaient aux galeries et dans les loges. Elles ont oublié, deux minutes, leurs minauderies ordinaires, les minauderies en espalier pour lesquelles elles viennent là, et les habitués de ces choses disaient autour de moi que c'était « un succès d'été ». Cela veut-il dire un succès chaud?... On a donc ri. Pourquoi n'en pas convenir? On a ri comme au *Palais-Royal,* — comme aux *Variétés,* — comme partout, — même à la porte des baraques ou des tentes, les jours de fête publique ou de foire (ah! le rire n'est pas fier!), et pour les mêmes raisons ; car

1. *Nain jaune.*

c'était, en gants blancs et en habit noir, — je vais dire un mot révoltant, — la même espèce de parade qu'on y joue, — la même espèce de parade à surprises et à méprises, que cette prétendue comédie en cinq actes de MM. Clairville et Victor Bernard.

Et comme parade, d'ailleurs, — j'oserai maintenir le mot, — elle n'est pas mal faite. On voit que la main qui a tricoté cela s'y connaît. On voit qu'elle est apte et très exercée au grand et au petit jeu des ficelles, — de ces ficelles qui passent à travers les Pantins de la scène et vont se rattacher, pour les mettre en jeu, à cette masse de Pantins qui sont dans la salle et qui font le public... Seulement, excepté ce tricot, qu'un homme ou deux, d'esprit et de métier, qui s'y seraient appliqués pendant toute leur vie, finiraient par faire presque aussi bien qu'une mécanique, je n'ai rien vu dans la pièce de MM. Clairville et Bernard qui méritât ce nom de comédie, et cependant, j'en suis fâché pour ces messieurs, la comédie était tout au fond de leur pièce ; il ne s'agissait que de l'en faire sortir ! J'en ai moi-même senti le passage : ils ont eu le front caressé par le vol d'une idée, cet oiseau si rare et si farouche ! mais ils ne l'ont pas prise. L'oiseau moqueur leur a échappé... Dans une société de pouilleux avides, comme la nôtre, où cent mille francs sont une fortune, mettre un poltron

entre la peur de perdre cent mille francs et la peur
de se battre avec un mari qui les a trouvés dans la
chambre de sa femme, et qui ne les remettra qu'a-
vec un coup d'épée ou de pistolet à qui viendra les
réclamer ; cogner ce poltron entre ces deux peurs,
contre chacune d'elles qui se le renvoient et le font
rebondir, était une idée heureuse, qui pouvait être
féconde, qui pouvait devenir une comédie, mais à
la condition d'y mettre autre chose que des surprises, à la condition d'y mettre des caractères,
des passions, des mœurs, du dialogue, qui est le
style des pièces de théâtre ; enfin, tout ce qui
constitue la comédie, laquelle est à la parade,
fût-ce la plus réussie, ce que le théâtre est au tréteau.

Eh bien, je ne dis pas tout cela, mais quelque
chose de cela est-il dans la pièce que voici ?... Des
caractères... Est-ce un caractère, du moins un
nouveau, ou même un ancien, montré par un côté
qu'on n'avait pas aperçu encore, que le capitaine de
Montanbrèche, *cocu imaginaire* en secondes noces,
pas imaginaire en premières, — et cette circonstance est toute la pièce. — Arnolphe, militaire de
quarante-six ans (l'immortel pékin de ce nom en a
quarante-deux dans Molière), Arnolphe ou Sganarelle, auquel on n'a eu la peine, pour le changer,
que de donner de larges moustaches et la tenue
d'un ancien capitaine de dragons ? En est-ce un

que Madinier, le poltron aux cent mille francs perdus, qui est, lui, plus poltron que Jocrisse et que Gilles, et qui tremble — pour parler honnête- ment — tout le long de la pièce, sous la main du fougueux et jaloux capitaine, comme Zozo sous le pied incessamment levé du pitre, — et non comme tremblent les gens du monde qui sont poltrons, quand même ce seraient des Madinier? En est-ce un que ce comte de Fongeron, le fat éternel de toutes les pièces qui ont un fat, comme le capitaine Montanbrèche en est le jaloux, et le Madinier le niais! le fat connu, à qui les auteurs, pour lui donner sans doute l'originalité qui lui manque, ont mêlé le monsieur *Sans gêne* de Désaugiers, dans la scène où il change les tableaux de place, ce qui fait tant rire ce public sans mémoire, pris toujours aux mêmes souricières, et si heureux d'y être pris qu'il ne reconnaît pas les vieux fromages déjà grignotés?... En est-ce un que l'éternelle sou- brette (la Clara de madame de Montanbrèche II) et l'éternel valet (Joseph), amoureux de l'éternelle soubrette, et qui est devenu brosseur, comme Arnolphe ou Sganarelle est devenu capitaine? Toutes figures faciles à trouver et employées par- tout, et qui rappellent ce jeu de cartes découpées dont on ôte la tête à volonté pour en surmonter tous les genres de costumes. Quant à madame de Montanbrèche II, ce n'est pas même cela. La tête et le costume vont ensemble. Prétexte de la pièce, elle apparaît, dès les premières scènes, comme le dénouement, — un dénouement dont on est sûr, — ce qui, dans une pièce tout en surprises, comme l'est celle de MM. Clairville et Bernard, est la plus grande faute qu'ils pussent commettre, puisqu'ils nous ôtent, en la faisant, l'intérêt suprême des choses dramatiques, — l'*intérêt de l'anxiété !*

Et la passion ?... Est-ce de la passion que ce monotone et incessant ronron de jaloux poncif, — qui ne parvient jamais à être un miaulement où l'on sente un tantinet de tigre, — que cette colère, vulgaire dans l'expression, sans mots qui sortent des entrailles, — cette colère qui n'est pas tragique et qui n'est pas comique non plus? car cet Arnolphe manqué de Montanbrèche n'est pas comique comme l'autre, le pékin immortel !

> ..... Veux-tu que je me batte ?
> Veux-tu que je m'arrache un côté de cheveux ?...

Il sert au comique de la pièce, mais il n'est pas comique. Il est l'instrument du rire que la peur de ce poltron de Madinier fait éclater. Défaut capital pour un premier rôle que d'être la servitude d'un autre rôle, — de ne pouvoir être qu'à la condition de servir ! Et le dialogue, qui est le style ? Est-ce du dialogue que cette langue de tous les vaudevilles, que cette langue courante, sans étincelle et sans morsure, sans coups de raquettes qui enlèvent le volant, sans flics-flacs vainqueurs, sans un trait (j'ai bien écouté) dont on puisse dire, en frémissant de plaisir : « Comme c'est ajusté ! et comme c'est juste ! » sans un mot qu'on puisse citer (ah ! s'il y en avait, je vous les citerais), et où ce qu'on trouve de plus drôle, c'est de grosses naïvetés bien bêtes et dont la bêtise fait tout le succès? Le rôle entier de Tartinois, joué par Blaisot, est dans ce goût-là. Enfin, des mœurs ?... Sont-ce des mœurs, prises autrement qu'à la surface, que ces lieux communs de la vie sociale, ramenés pendant cinq actes par ces brasseurs de banalités dont pas un ne dit un mot qui perce cette plate écorce ? Des mœurs ! c'est par là surtout que pèche cette pièce de *Mesdames de Montanbrèche*. Oui, là est la brèche de cette comédie, et c'est par cette brèche que je m'en vais monter.

Les mœurs y sont faussées, en effet, quand elles cessent d'y être superficielles, et faussées — vice rédhibitoire ! — dans un personnage principal. Je l'ai dit plus haut : la pièce est toute dans la couardise de Madinier, le poltron assis le cul par terre entre ces deux selles terribles, sur aucune desquelles il ne veut grimper : la selle du billet de cent mille francs perdu, qui est déjà bien douloureuse et bien écorchante, et la selle du duel à braver qui est à piquet, celle-là, et qui lui fait l'effet d'un pal ! Eh bien, cette poltronnerie de Madinier dont il fallait saisir la *nuance juste*, ces MM. Clairville et Bernard ne l'ont pas trouvée ! Ils l'ont dépassée — qu'ils me permettent le mot ! — grossièrement. Leur Madinier, qui porte cent mille francs dans sa poche, qui est un gandin de ce temps, un bour geois en fleurs, peut-être un jeune habitué du Gymnase comme il y en avait sans doute quelques-uns dans la salle l'autre soir ; leur Madinier, si poltron qu'il soit, ne peut pas être poltron comme cela. C'est ici que l'idée de parade vous prend à la gorge. Zozo, seul au monde, est poltron de cette manière sous le pied levé du pitre, mais dans le monde, — comme on dit, — dans le monde de l'habit noir et des cent mille francs de Madinier, les poltrons ont au moins la discrétion de leur poltronnerie, quand ils n'ont pas la tartufferie de la bravoure. Et c'est précisément l'opposition entre cette poltronnerie aux derniers abois, toujours sur le point de se montrer, et la vanité qui veut la cacher à toute force, c'est cette opposition qui serait le comique vrai, et non pas le comique dé-placé et grotesque de la pièce d'aujourd'hui, qui fait dire à la Critique, très aux regrets d'avoir à le dire : Vous avez voulu écrire une comédie et vous avez *farcé !*

II

Ainsi, ôtez les situations, — dont quelques-unes ont de la gaîté et sont amenées, comme ces choses-là s'amènent, sur cet échiquier borné de la scène, qui n'a qu'un très petit nombre de cases, — et demandez-vous ce qui reste, au point de vue de l'observation et de la qualité littéraire, de la pièce de MM. Clairville et Bernard ?... Quant à sa portée morale, si importante pour nous qui ne daubons point dans *l'art pour l'art*, elle est innocente, et, par ce temps nauséabond, c'est beaucoup louer que de dire cela. Ici, nous sommes dans un monde d'honnêtes gens à peu près. Nous n'avons ni cocodès ni filles, et quand tout est infecté encore de l'*Affaire Clémenceau*, qu'on mettra à la scène un de ces jours, soyez-en bien sûr ! cette absence de filles dans une pièce produit un charmant effet de fraîcheur...

III

Celle-ci a été un peu trop jouée comme elle est faite, et c'est ce que j'en puis dire de pis. Partout où les auteurs ont commis une faute, les acteurs n'ont jamais manqué d'en commettre deux. Victorin, qui faisait Madinier, selon moi le rôle principal de la pièce, a cru sans doute bien faire de le jouer comme il est écrit, et il en a fait la caricature impossible que vous savez dans le milieu où elle est placée. Il a fait ce que font les jeunes acteurs, du reste, qu'on lâche dans un rôle qu'on leur donne, et qui s'y vautrent, comme un mulet qui a bon appétit dans un pré. Faute de l'inexpérience et de la jeunesse ! L'acteur, qui est un créateur du second degré après l'auteur, s'il a l'intelligence de son art, doit toujours se roidir du côté opposé à celui où son rôle penche, et voilà ce que n'a point fait Victorin, qui probablement s'est grisé avec son rôle d'abord, et qui s'en grisera désormais bien davantage après les rires, très inférieurs intellectuellement, qu'il a soulevés. Villeray, qui jouait le comte de Fongeron, a pris son rôle aussi en l'exagérant, et il n'a pas racheté les impertinences et les extravagances par les grâces, très parfaitement nulles, de sa personne. Landrol lui-même, excellemment grimé, aussi officier de cavalerie qu'on puisse l'être quand on n'est pas fait pour devenir maréchal de France, mais pour prendre retraite et femme, a, tout le temps de son rôle, beaucoup trop ouvert et roulé les yeux. se croyant peut-être ainsi plus officier de cavalerie, et il a chargé... ce qui n'est jamais trop pour un officier, mais ce qui est toujours trop pour un bon acteur.

Enfin, mademoiselle Chaumont a beaucoup trop *raffiné sa finesse*. Cette petite actrice, qui ne manque pas de grâce joliette et que d'aucuns nomment une Déjazet en raccourci, finira par la raccourcir trop. Elle a toujours l'air de vouloir rentrer dans ses petits souliers d'enfant. C'est très bien, cela, quand on joue la petite fille du *Wagon des Dames*, mais quand on joue les soubrettes, que diable! il faut au moins avoir fait sa première communion. Seule, madame Fromentin nous a reposé de toutes ces affectations dans son rôle de madame de Montanbrèche, qu'elle a joué simplement, avec une distinction très naturelle. Elle a eu deux ou trois manières de s'asseoir et de prendre son ouvrage qui valaient mieux, à elles seules, que tout ce que MM. Clairville et Bernard lui faisaient dire. Qui a vu cela et a été sensible à cela parmi tout ce public qui riait?... Je voudrais n'avoir que des choses aimables à dire à madame Fromentin, mais son affreuse robe bleue, avec ses espèces de ruches de ruban descendant le long de ses bras et qui les empâtaient, empâte aussi mon compliment...

NOS GENS (1)

———

29 août 1866.

I

Cette comédie de paravent, qui dure dix minutes, avait été annoncée, ici et là, comme étant
de M. Edmond About; et dans la salle, pendant la
représentation, il était fort aisé de voir que beaucoup des applaudissements allaient à son adresse,
car M. About, ce Voltairianet des bourgeois, doit
être adoré à leur théâtre... Cependant, ce n'est pas
M. About qui a été nommé, à la fin de la pièce,
comme on s'y attendait; ç'a été M. de Najac. Hé!
hé! les applaudisseurs... à crédit ont été un peu
surpris. Mais comme on s'était mis à la troisième
position de l'enthousiasme, on a gardé sa troisième
position, et on a battu des mains à M. de Najac

1. *Nain jaune.*

comme à M. About lui-même. C'était raison ; l'un rappelle l'autre. Ami, collaborateur, clair de lune, que sais-je? qui dit M. de Najac semble dire une émanation, une réduction de M. About. Flatteuse ressemblance ! Pourquoi donc, si M. About est le Voltairianet de Voltaire, M. de Najac ne serait-il pas l'Aboutin de M. About ?

Et ce ne serait un malheur pour lui ni pour personne. Au contraire ! Dans une société où tout diminue, le petit en toute chose a plus de chance de réussir que le grand, et les diminutifs sont les bienvenus. Au train qui nous emporte en ce moment, on ne saurait répondre que M. About ne puisse être, relativement, grand demain. Ce serait drôle, mais cela ne serait pas impossible. Cela lui serait aussi — peut-être — incommode, car à quoi le grand sert-il dans une société rapetissée? Ses proportions même sont un obstacle à son placement. Elles troublent et écrasent, tandis que le petit arrange tout le monde et se place bien mieux... Supposez, en effet, que *Nos gens* — cette comédie au titre fastueux : NOS GENS ! — réalisât la somptuosité de son titre, nous aurions une pièce de taille à remplir jusqu'au bord ses cinq actes, et qui nous eût montré le tréfonds le plus palpitant, le plus menaçant et le plus grotesque à la fois de ce qu'on appelle encore (par antiphrase probablement) une société. Seulement, cette œuvre-là aurait-elle réussi?

L'aurait-on jouée dans cette boîte à jujubes du
Gymnase, ou même ailleurs? N'aurait-elle pas fait
tout trembler?... Rappelez-vous, dans les *Vaincus*
de M. Barrière, la très belle scène des valets, qui
n'était pourtant que le sujet, touché par un coin,
de la comédie d'aujourd'hui... Au lieu de tout cela,
plein d'inconvénients, peut-être impossible, nous
avons ici une pièce toute petite, digne du théâtre
de Lilliput, où *Nos Gens* se réduisent à deux...
gens, et où tout se passe en petits coups de pattes
de mouche sur le dos de maroquin tanné d'une
société qui ne les sent pas, quand il faudrait des
coups de griffes de tigre, en pleines mœurs! Mais
aussi, dans cette petite chose, tout est trouvé charmant et d'un succès facile, précisément parce que
tout y est petit, depuis les observations jusqu'aux
malices. La société qui applaudit ces *minimités*
ressemble à ces femmes, auxquelles tout le monde
a donné le bras, qui vous forcent à vous arrêter à
la vitre des magasins pour s'extasier devant des
ménages et des bottines de poupée, et qui s'écrient :
« Que c'est gentil ! » en se serrant contre vous
avec des frémissements de volupté enfantine. C'est
comme cela qu'hier, au Gymnase, en voyant bril-
lotter toute cette poussière de petites malices pointues ou non pointues, j'entendais dire autour de
moi, avec de petites pâmoisons dans la voix, que
c'était « spirituel » !

Oui! spirituel, mais parce que c'était petit... surtout. Et je n'aurais pas insisté sur une telle bluette;
j'aurais laissé aux Beaumarchais à bon marché,
dont les Figaros et les Suzannes ne durent que le
temps de faire flamber une allumette, des applaudissements qui ne dureront pas davantage; mais
j'avoue qu'il m'est impossible de laisser passer sans
réflexion et sans regret le rapetissement d'un grand
sujet par M. de Najac, fût-il doublé à l'intérieur
de M. About! Faites du petit, je le veux bien, puisque vous ne pouvez faire que cela! Faites du petit,
puisque votre société de babioles et de bibelots ne
veut que du petit pour mettre sur ses étagères.
Mais ne mettez pas vos mains nabotes sur des
sujets grands. Respectez les, en n'y touchant pas!
Ne taillez pas de cure-dents dans le cœur des chênes!
Nos gens! ce titre qui sent son Turcaret d'une lieue,
— et les Turcarets sont immortels! — m'avait fait
rêver. *Nos gens!* c'est un titre qui promet, à toutes
les époques; mais à l'heure qu'il est, après la Révolution française, en pleine société démocratique,
c'est là une comédie comme on n'en a point fait
encore. La comédie des domestiques! Sous le gouvernement du Roi Absolu, dans un temps où l'em-
piètement d'une classe sur une autre rendait la
comédie facile, l'idée de celle des domestiques
passa, mais comme un pâle éclair, dans la tête de
Molière, car son vicomte de Jodelet et son mar-

quis de Mascarille (mascarade, d'ailleurs, voulue par les maîtres,) n'atteignent qu'un ridicule superficiel. Mais à quelle profondeur de nature et de société Molière lui-même serait-il obligé de descendre si, comme nous du xixe siècle, fils d'une époque égalitaire, il voulait peindre ce qui reste de l'en-haut social, répercuté par l'en-bas, et chercher les vices et les ridicules des maîtres dans le cœur fouillé des domestiques, ces singes terribles de nos corruptions qui les imitent et qui nous servent, et qui, demain, peuvent tout casser!...

Pour cela, vous comprenez — n'est-ce pas? — qu'il faut un peu plus que le gracieux marivaudage des vignettes de Gavarni. Vous comprenez qu'il faut un peu plus de force comique que celle qui consiste, pendant toute une pièce, à opposer le langage de l'auteur — que ce soit M. de Najac ou M. About — à l'habit de livrée dont on a revêtu son personnage?... Vous comprenez, enfin, qu'il faut une autre vérité d'observation que celle de l'auteur ou des auteurs de *Nos gens*, qui, dans le monde des ducs où ils vivent, ont vu des laquais faire signe à leurs maîtres, arrêtés en voiture dans la rue, de monter?

II

Mais en voilà assez! — A propos de marivaudage, ils ont joué Marivaux, ce jour-là, — Marivaux, la fausseté la plus réussie du siècle le plus fort en faux qui ait jamais existé. Or, pour être naturel dans le faux, raffiné à ce point, c'est le diable! Et je n'ai connu que mademoiselle Mars qui pût venir à bout de ce diable-là. La débutante, mademoiselle Barataud, une ingénue cousue de fil blanc, s'est donné beaucoup de peine pour avoir de la naïveté; et le public, touché, l'a applaudie comme si elle en avait eu.

NOS BONS VILLAGEOIS (1)

Samedi, 6 octobre 1866, et mercredi, 10 octobre 1866.

Nous sortons, à l'instant même, de la première représentation de la comédie de M. Victorien Sardou : *Nos bons Villageois*, et, ce soir, nous ne pouvons que constater le succès de cette pièce, qui a été grand. Pressé par le temps comme nous le sommes, nous voilà obligé de renvoyer à notre prochain numéro l'examen de *Nos bons Villageois*, dont les véritables auteurs sont les comédiens qui les jouent. Lafont, Lesueur, Arnal, Berton, Pradeau (surtout), madame Fromentin, mademoiselle Delaporte, — nous les nommons aujourd'hui, mais pour y revenir demain, — n'ont pas seulement interprété brillamment la pièce de M. Sardou ; c'est plus que cela : ils l'ont créée.

---

1. *Nain jaune.*

Ils ont donné à cette pièce, dont l'intérêt, bien moins comique que mélodramatique, ne vient, pas plus que dans les autres pièces de M. Sardou, d'une observation supérieure, l'illusion d'un jeu qui couvre tout et qui entraîne le public charmé. Certes! M. Victorien Sardou doit un beau cierge à des collaborateurs de cette force, un cierge à éclairer toute la salle qu'ils ont fait retentir pour lui.

En écoutant ces applaudissements mérités qu'on donnait aux acteurs et qui, des acteurs, vont rejaillir (ne vous y trompez pas!) *nécessairement* sur la pièce, nous nous posions cette question curieuse : si au lieu d'être bons, ces acteurs, ils étaient mauvais ou seulement médiocres, que resterait-il de la pièce de M. Sardou? Ce que ces Messieurs de la Critique de la semaine appelleront peut-être, lundi, un chef-d'œuvre d'arrangement, s'en irait, comme un linge mal tissé en charpie. Et je dis comme un linge mal tissé, à dessein. Car M. Sardou est un tisserand, — un remueur de navette dramatique. L'*arrangement*, l'arrangement, cette mystérieuse et presque hiératique puissance de l'arrangement, qui fait grotesquement trembler les hommes les plus littéraires, quand il s'agit de cette chose crue si difficile et qu'on appelle la *science des planches*, personne ne la conteste à M. Sardou, même parmi ceux qui nient le plus brutalement son talent dra-

matique. Eh bien, — est-ce pour la première fois ?
— cette puissance de l'arrangement, jusqu'à ce
moment incontestée par la Critique, est très contes-
table dans la pièce de *Nos bons Villageois*, et c'est
là — nous en avertissons d'avance — que la Critique devra porter sa lumière et son effort ! Pour
notre humble part, et un morceau de glace au front
pour le refroidir des applaudissements que nous
venons d'entendre, nous croyons que c'est *aussi*
l'arrangeur qui défaille dans la comédie de *Nos bons*
Villageois. Nous croyons que l'auteur des *Pattes*
de mouches, qui n'écrit que comme cela, a bâti
toute sa pièce d'aujourd'hui sur une de ces pattes,
ce qui pourrait prouver le subtil arrangeur encore.
Seulement, s'il se l'est mise dans l'œil, cela ne le
prouve plus.

Et ceci nous reste à montrer...

I

Nous l'avions pressenti. Le succès de la nouvelle
pièce de M. Victorien Sardou devait avoir tus vite
son rayonnement et son influence, mais pas dans
ces proportions-là ! Ah! le succès, d'où qu'il vienne,
sera donc toujours un prestige ; le succès sera donc

toujours le succès! Attirant et enivrant partout, mais à Paris irrésistible, quand ce magnifique et étincelant verre de vin, aux forts aromes, est versé une fois, le voilà qui grise tout le monde, et la Critique qui devrait, elle au moins, conserver sa tête, ne l'a pas meilleure que les parterres. La contagion des applaudissements d'une salle de spectacle passe dans le feuilleton. On n'ose plus rien devant l'admiration du Nombre et contre ses cris. Que dis-je! on n'ose rien? — on se démet. C'est moins encore : on se renonce... et c'est ce qui est arrivé. Pas plus tard qu'hier, la Critique a humblement donné sa démission aux pieds heureux de M. Sardou, en écrivant par une de ses plumes — représentait-elle toutes les autres? — ces paroles incroyables : « Un tel TRIOMPHE simplifie le rôle de la critique, en la SUPPRIMANT! »

Oui! voilà ce qui a été écrit. Quel enthousiasme et surtout quelle fierté, n'est-ce pas? Et le mot y est tout au long : EN LA SUPPRIMANT! Décision charmante! Ceux donc qui se sentent *supprimés* par cette majestueuse et courageuse décision n'ont qu'à s'y soumettre et à aller, si cela les amuse, danser la farandole du succès autour de M. Victorien Sardou, dit maintenant le Victorieux. Nous ne nous y opposons, certes, pas! Mais, pour notre compte, nous ne nous en croyons pas moins exister quelque peu toujours, et nous n'en ferons pas moins aujourd'hui encore un article, — non pas pour nier le succès de la nouvelle pièce de M. Sardou, qui est incontestable, — mais tout simplement pour l'expliquer.

II

Qu'est cette pièce, en effet?... Quand un homme comme M. Victorien Sardou, qui a déjà écrit, en très peu d'années, une trentaine de pièces de théâtre, car ça se pond aussi vite que ça, en écrit une trente et unième, on a bien le droit de se demander, n'est-il pas vrai? si cette trente et unième pièce donne de son auteur une idée — une seule idée — qu'on n'avait pas... Matagrabolisé, comme dirait mon adorable vieux Rabelais, par cette trente et unième pièce de théâtre, qui vient après une trentième, jouée, par parenthèse, trois cents fois, on est assurément bien en droit de se demander, pour éviter d'affreuses redites, s'il a subitement poussé à M. Sardou quelque faculté inespérée, laquelle rajeunisse, parachève, diversifie ou agrandisse, d'une manière quelconque, une figure dramatique dont le médaillon est aussi connu que celui de M. Dennery et n'est guères plus grand?... Puisque le *triomphe* d'aujourd'hui de M. Sardou *supprime* et renvoie la Critique, ses armes au dos, — ce qui n'est pas arrivé à beaucoup de grands hommes, dont les plus belles œuvres, — condition des œuvres humaines! — ont toujours rencontré un *malin* qui voyait le défaut, — la pièce qui a fait ce beau coup-là ne doit pas être du même tonneau que les autres de M. Sardou. Il doit y avoir dans celle-ci des qualités différentes, ou, si ce sont les mêmes qualités, elles doivent être évidemment très supérieures aux qualités ordinaires de M. Sardou... Mais quoi! si c'était exactement la même chose?... Si, dans cette pièce des *Bons Villageois*, nous retrouvions purement et simplement, sans rien de plus, la donnée du talent de l'auteur de *Ncs intimes*, des *Vieux garçons*, des *Diables noirs*, etc.; si, même, ce n'était plus exactement la même chose, si ce n'était plus cette même chose que diminuée, appauvrie, mal réalisée et mal conduite, non seulement alors il n'y aurait plus de raison suffisante pour justifier le succès de la comédie d'aujourd'hui, mais, au contraire, il y en aurait une excellente à ne regarder que le mérite de la pièce pour rendre son succès aussi bête que le succès peut l'être, — car il l'est souvent, le succès. Il l'est souvent, partout, mais, au théâtre, plus souvent qu'ailleurs!

Or, voilà la question et voilà le cas pour la nouvelle pièce de M. Victorien Sardou. Tout le monde le sait, même ceux qu'il amuse. L'auteur de *Nos Bons Villageois* n'a jamais été un poète comique. Il n'en a ni l'observation profonde, ni l'ampleur de vue, ni le style robuste et surtout varié, comme les caractères, les passions, les esprits que le poète comique met en scène et qu'il fait parler comme il les fait mouvoir ; ni enfin le rire franc et terrible, cette faux du rire qui coupe tout, vices et ridicules, sur cette plante humaine et sociale obstinée, acharnée à en produire toujours! Talent que je ne veux pas nier, mais, après tout, talent mince, nerveux, saccadé, convulsif, qui se remue beaucoup, mais à la même place, et qui s'y trémousse en diable sans jamais s'élever, M. Victorien Sardou n'est, pour qui regarde dans le fond de son sac et veut être franc, qu'un mélodramaturge mêlé de vaudevilliste, qui panache le vaudeville avec le mélodrame et pomponne le mélodrame avec le vaudeville, le tout (admirable ou déplorable, à votre choix!) avec la plus merveilleuse facilité. Que s'il importait de savoir lequel est né le premier dans M. Sardou, du mélodramaturge ou du vaudevilliste, lequel est l'essence même de la double nature de ce Scaramouche à deux couleurs, je dirai que c'est le mélodramaturge. Quand il commença de songer au théâtre, il dut tout d'abord être tenté par le vaudeville. Il y a dans le flageolet du vaudeville quelque

chose qui devait aller à cette grêle nature, laquelle
trouvait là un instrument en proportion avec la
vivacité de ses doigts maigres et le peu de longueur
de son souffle. Mais le vaudevilliste est tenu impé-
rieusement d'être spirituel, ce qui n'est pas toujours commode ; or, M. Sardou, ce nerveux pâle, a
plus de sensibilité que d'esprit, et, d'ailleurs, il dut
deviner sans grand effort, car il a le flair du succès,
que, pour les succès dramatiques, la sensibilité,
serait-elle faussée et morbide, est d'un emploi plus
sûr que l'esprit. Ce que l'homme, en effet, est le
moins, c'est spirituel. Il est tout avant d'être cela.
L'esprit est la qualité la plus rare qui puisse exister pour les individus et pour les masses. Je connais des talents, et même des génies, sans aucun
esprit. Beaux écussons qui manquent de ce cimier !
Bilieux, peut-être souffrant, du moins il en a l'air,
mais doué de la volonté souvent très énergique des
êtres malingres et chétifs qui savent aisément se
contracter, M. Victorien Sardou s'adressa à la sensibilité du public, en trouvant sous sa main la sienne,
et il écrivit des comédies palpitantes, — trop palpi-
pitantes, — dans lesquelles il mit des anxiétés, des
halètements, de poignantes surprises, des larmes
et des tressauts de pistolet, — introduisant ainsi
le drame de Diderot par le col délié du petit
flacon de M. Scribe, et le faisant tenir dans cette
petite bouteille, très adroitement, sans la casser !

Car l'adresse, c'est là que je veux arriver, l'adresse est la qualité la mieux reconnue et la mieux constatée de toutes les qualités de M. Sardou. On pourrait lui refuser l'invention et on n'y a pas manqué. On était même allé — qui ne s'en souvient? — jusqu'à lui contester la probité de l'invention, quand celle qu'il donnait pour la sienne était — par hasard ou par comparaison — heureuse. Ses ennemis disaient de lui que s'il n'était pas tout à fait un détrousseur de gens dans les bois littéraires, il était au moins un emprunteur bien hardi et bien oublieux. Mais on convenait, sans discussion, qu'une fois maître de la pierre précieuse il savait en tirer parti; il savait la monter. On s'accordait pour consentir que les comédies tout à la fois hybrides et caméléonesques de M. Victorien Sardou étaient des perfections d'arrangement, des difficultés vaincues d'arrangement, des roueries délicieuses d'arrangement. L'*arrangeur*, ah! l'arrangeur, cet homme plus important pour le théâtre que l'homme de génie, — ce *dérangeur*, lui, qui crève toutes les conventions en voulant y entrer, — l'arrangeur! voilà le meilleur titre à la gloire de M. Sardou, et personne n'a jamais pensé à lui chicaner celui-là. L'autre soir, à cette première représentation de *Nos Bons Villageois*, j'avais l'honneur... et l'agrément, d'avoir autour de moi des vaudevillistes blanchis au jeu des planches, des Pères-Conscrits des théâtres légers, qui étaient sérieux en parlant de ces difficultés mortelles de l'arrangement au théâtre, et ils avaient, en en parlant, des airs mystérieux, doctes, et presque religieux. Pour eux, bien évidemment, M. Victorien Sardou était un colosse. C'était un magicien. J'écoutais ces Messieurs, qui se mirent à parler bas entre eux en se rapprochant, pour ne pas laisser s'évaporer les grands secrets dans les oreilles des profanes, et je me disais — on n'était alors qu'au second acte de la pièce — que si la comédie de M. Sardou ressemblait à ses autres comédies, l'arrangement, ce diamant bleu de l'arrangement, me vengerait indubitablement de ce que *Nos Bons Villageois* pourraient avoir d'inférieur et de vulgaire. Mais, hélas ! ce soir-là fut une illusion, et vous allez en juger.

III

La comédie de M. Victorien Sardou, qu'il appelle « *Nos Bons Villageois* », et qu'il faudrait nommer « les Villageois des environs de Paris », si M. Sardou s'occupait de peindre sérieusement et profondément des mœurs quelconques de village ; la comédie de M. Sardou ne devrait pas même s'appeler de ce titre tronqué : « *Nos Bons Villageois.* » Elle devrait s'appeler le *Voleur par amour,* ou bien encore le *Chevalier des diamants,* ou de tout autre titre qui dirait nettement le nom de la chose qu'on met sous les yeux du public. *Nos Bons Villageois* ne sont pas, en effet, le sujet réel de la pièce de M. Sardou. Ils n'en sont que l'encadrure, et une encadrure superficielle et mal photographiée. Le sujet vrai, qui ne vaut pas le sujet manqué, n'est qu'un des mille romans d'amour qu'on tourne et retourne sur tous les théâtres depuis le commencement du monde et des théâtres. Un jeune homme, M. Henri Morisson, a fait la cour, aux Eaux des Pyrénées, à la baronne de..., femme d'un ancien capitaine de dragons qui n'est plus un Almaviva, avec ses quarante ans passés, mais qui, comme Almaviva, quoique bonhomme au fond, est brutal sur l'article, comme dirait Figaro. Cette baronne, muguetée par ce jeune Morisson, a coqueté, mais ne s'est permis que des infidélités vertueuses, — car il paraît qu'il y en a. Effrayée de ce qu'elle a fait et permis, quoique ce ne soit pas grand'chose aux yeux des moralistes de théâtre comme M. Victorien Sardou, elle a fui les Pyrénées et le jeune homme. Le *suivez-moi, jeune homme,* elle l'a ôté de son chapeau. Or, cette baronne a une jeune sœur charmante, et mon benêt cœur de vingt ans se balance entre les deux sœurs sans trop bien savoir celle qu'il aime.

A vingt ans, on joue à cette escarpolette... Henri Morisson, désorienté par la fuite de la baronne, rentre chez son père, — un bourgeois de la rue de la Verrerie, lequel vient d'acheter une propriété à Bouzy-le-Têtu, le village des maraîchers de Paris, et dont le maire, avec cette ponctualité de hasard heureux qui nous écœure à la scène, n'est autre que le mari de la baronne. Selon l'usage de M. Sardou, qui rappelle toujours quelqu'un quand il se présente seul, ces *Bons Villageois*, parmi lesquels nous allons vivre, nous font nécessairement penser à cette immense et terrible tragédie des *Paysans*, de Balzac, qui ne sont, du reste, comme les villageois de M. Sardou, qu'une *certaine espèce* de paysans, mais avec quelle différence! la différence de la farce à froid et de l'oripeau théâtral le plus pendant, avec la vie la plus intense, la plus caractérisée, la plus montrée jusque dans les entrailles par le génie qui va l'y chercher! Je dois en vérité le dire, et je le dirai pour être juste envers un homme qui a toujours été victime de ses réminiscences et à qui on en reproche cinq ou six encore dans cette nouvelle pièce des *Bons Villageois*, je ne trouve nullement que M. Victorien Sardou y ait été coupable de trop se souvenir de Balzac. Ses paysans sont des fantoches du *Journal amusant*, et

son baron n'y est pas même un Montcornet affadi...
Henri Morisson découvre bientôt à Bouzy-le-Têtu
que sa baronne fugitive habite avec sa sœur le château voisin de la terre de son père, et comme il
est le double amoureux des deux sœurs, l'amoureux *pour le bon motif* et *pour le mauvais*, il reçoit
de mademoiselle Geneviève la clé d'un parc où il
peut très publiquement et très innocemment venir.
On le présentera au baron. Or, l'amoureux pour
le *mauvais motif* se sert de cette clé donnée par
la candeur éprise pour surprendre nuitamment
la baronne, pendant un bal de village qui doit
rendre le château désert, quand tout à coup c'est
lui, au contraire, qui est surpris par le mari dans
l'appartement de sa femme, et c'est alors que,
pour ne pas perdre la malheureuse, il vole un
collier de diamants et se fait arrêter comme
voleur. Ici apparaît toute la pièce; elle se groupe,
toute, autour de ces diamants volés, qui ne sont
pas, non plus, une invention nouvelle et pure de
toute réminiscence. Elle commence là et elle y
finit.

Et c'est pourquoi j'ai voulu y arriver, en sautant
les détails pour arriver plus vite, ne me souciant
plus du fond des choses, sur lesquelles on m'a
trompé, car on me donne un mélodrame et on
m'avait promis une comédie, et ne me préoccupant
plus que de la supériorité de l'arrangement qui doit

tout sauver, ne cherchant plus, ne demandant plus
que les raffinements, les subtilités et les puissances
d'un artiste en arrangement aussi habile que passe
pour l'être M. Sardou. Eh bien, l'arrangement du
grand arrangeur, le voici! C'est tout simplement
l'absurdité la plus complète, l'invraisemblance la
plus rebondie, qu'il est impossible aux yeux les
plus myopes de ne pas apercevoir; c'est le mensonge, parfaitement inutile, des diamants volés,
auquel le jeune Morisson, sans compromettre personne, sans se calomnier infâmement, sans briser
le cœur de son père, sans mentir au baron, pouvait
substituer... la vérité! « J'aime mademoiselle Geneviève, je suis venu pour elle, et c'est elle qui m'a
donné la clé. » Qu'y avait-il à répondre à cela? Tout
n'était-il pas dit? Mais aussi la pièce était finie.
Elle était finie avant d'avoir commencé. Or, il
fallait une pièce à M. Sardou, une pièce qui ne fût
ni une étude de caractère ni une découverte dans
la nature humaine, mais un entrelacement d'événements, tournant pendant trois actes — comme
l'assiette du jongleur sur la pointe de son couteau
— sur la pointe d'une absurdité!

Certes! je ne suis pas de ceux qui, dans une
œuvre d'art ou de littérature, recherchent les difficultés pour les vaincre; mais quand on a ce goût-
là, que je crois faux, encore faut-il les vaincre. Et
M. Sardou n'a rien vaincu du tout. Si construit et

agrémenté qu'il soit, son mélodrame d'aujourd'hui périt grossièrement par la base, et les arrangements les plus superfins de l'auteur n'empêchent pas une minute le spectateur de se dire, tout le temps que la pièce s'entortille, se tortille et se désentortille autour de la niaise impossibilité sur laquelle elle pivote : « Mais, enfin, pourquoi cet imbécille de petit bonhomme qui fait, en disant qu'il est un voleur, un mal horrible à tout le monde et à lui-même, ne dit-il pas que c'est la jeune fille qui lui a donné la clé?... » Et voyez comme une faute en amène une autre, comme une sottise en fait toujours deux, — et encore si ce n'était que deux! Le caractère du père d'Henri Morisson, qui adore son fils et dont l'auteur a voulu certainement faire un personnage pathétique, se trouve incurablement faussé par cette invention des diamants volés. Quand son fils lui a confessé la vérité, à lui, et que le père soulevé, insurgé par cet aveu, s'écrie et jure — on le comprend! — qu'il dira la vérité tout entière, son fils lui fait l'objection que le baron alors le tuera, et le père, rabattu par ce seul mot, le père, tenu en respect désespéré par ce mot, le père, qui finit par aimer mieux voir son fils condamné comme voleur que tué noblement dans un duel, compromet par cette vile préférence la dignité du sentiment paternel, et la source d'un intérêt qui allait être excessivement touchant est tarie !

IV

Et maintenant, vantez encore, si vous voulez, M. Victorien Sardou comme le plus fort des *arrangeurs* dramatiques de ce temps. Je demande, pour moi, qu'on me ramène à quelque maladroit de génie !

Lorsque l'on n'a pour tout talent en relief que l'entente conventionnelle de la scène ; quand on n'est qu'une supériorité des planches ; quand la faculté dramatique consiste seulement en quelque chose qui ressemble à une mosaïque faite de pièces de rapport et plus ou moins subtilement agencées, ou à un double tire-bouchon assez joliment compliqué dont les spirales courent l'une après l'autre sans jamais se toucher, que reste-t-il à l'auteur dramatique qui n'est que l'adroit ouvrier de ce tire-bouchon ou de cette marqueterie, le jour où la marqueterie se disjoint et n'est plus d'accord, et que le tire-bouchon ne tourne plus ?...

V

Cela nous est arrivé aujourd'hui. L'arrangeur si vanté a été un mauvais arrangeur pour cette fois, et cependant, avec les maladresses fondamentales de sa pièce, il a obtenu des effets superbes, et son succès a été peut-être le plus grand des succès qu'il ait jusqu'ici obtenus. Qu'est-ce à dire?... Mon Dieu, c'est-à-dire que l'acteur fait tout à la scène, et qu'il n'y a plus de mauvaises pièces quand il y a de bons acteurs. Ceux du Gymnase ont admirablement joué la comédie de M. Sardou. Ils ont fait croire à tout Paris que c'était un chef d'œuvre. Le chef-d'œuvre, c'était leur jeu. Ah ! je voudrais pouvoir vous dire à quel point ils ont été excellents. Lafont, qui, dans les deux premiers actes, avait commencé à bredouiller un peu, a fini par tirer de son fourreau fatigué la lame de son talent, acéré, svelte, brillant comme autrefois, et quand la passion de son rôle l'a saisi, il a eu des rugissements étouffés, et des rires délirants et des larmes, et il a mêlé l'angoisse de la joie et l'angoisse de la douleur en maître comédien qu'il est, et qui sait bien son âme humaine ! La sensibilité robuste, violente et exaspérée du

père, passant à travers les vices et les ridicules du
bourgeois en rompant tout sur son passage, a transformé Pradeau. L'acteur, inconnu jusqu'ici, a jailli
en sanglots! Berton, distingué, naturel, a sauvé à
force de sensibilité un rôle terrible pour un acteur
de moins de talent et de tact, le rôle de cet imbécille de menteur qui tient dans sa main toute la
pièce et qui ne la casse pas; Lesueur, impayable de
figure et de jeu; Arnal, toujours égal à lui-même;
madame Fromentin, si belle, si morne, si noblement accablée dans sa blancheur pâle, et dont le
silence parle la douleur; tous, enfin, ont fait des
merveilles. Quant à mademoiselle Delaporte, je
n'ai à en dire qu'un seul mot :

Elle a ramassé l'éventail de mademoiselle Mars.

Qu'elle le garde et qu'elle nous rende heureux!

LES IDÉES DE MADAME AUBRAY (1)

—

Jeudi, 21 mars 1867.

I

Quand je vous disais, l'autre jour, que le Théâtre, ne sachant plus que tirer de son sac vide, réagirait prochainement contre le genre de pièces qu'il nous sert depuis si longtemps et dont nous sommes dégoûtés, j'étais sous le vent et je flairais juste. La chose a commencé samedi soir, 16 du courant, au Gymnase. Le premier mouton de Panurge a sauté ! Attendez, vous verrez les autres ! M. Alexandre Dumas fils, l'auteur de la *Dame aux Camélias* et du *Demi-Monde*, a cru qu'il fallait maintenant, dans l'intérêt de ses succès futurs, retourner son toton... et il l'a retourné ! Il a cru

---

1. *Nain jaune.*

qu'on pouvait tout à coup se faire moral, comme on se fait une tête. Il a cru — c'était presque hardi — qu'on pouvait même aller jusqu'à se faire chrétien, et comme on met un peu de rouge pour s'animer les yeux quand on les a ternes, il s'est campé un peu de christianisme ici et là...

Il est vrai que le christianisme de M. Alexandre Dumas fils est celui que je me permets d'appeler le christianisme de sa Maison. C'est ce christianisme, venu sans doute des hauts et pieux enseignements de monsieur son père, ce patriarche et cet apôtre, et que sa sœur, madame Marie-Alexandre Dumas, nous exposait dernièrement dans son roman : *Au lit de mort*, où les jolies femmes, comme confesseurs, remplacent les prêtres! La madame Aubray de M. Dumas fils est de cette grande famille chrétienne. Elle est digne de sa tante. Elle confesse aussi un peu dans la pièce de M. Dumas, et surtout elle y prêche. Elle fait mieux encore : elle y ramasse les filles tombées, et elle ne les envoie point aux Repenties. Elle leur cherche des maris, selon les préceptes et l'exemple de N.-S. Jésus-Christ, qui n'a pas seulement pardonné à la Madeleine, mais qui, comme on le sait, l'a mariée... et ce christianisme Dumas est, par parenthèse, la seule chose comique de cette comédie, qui ne l'est point !

Car elle n'est pas comique, disons-le tout de

suite, cette prétendue comédie, qui ne serait que prêcheuse et lacrymatoire, et où l'on ne rirait pas une seule fois, je ne dirai point sans le rôle d'Arnal, mais sans son jeu. Arnal, oui! Arnal *tout seul*, par la *seule* virtualité de son comique d'acteur, a été le maître du rire, quand il y a eu rire, en cette pièce où M. Dumas fils, pour faire passer des choses nouvelles, n'a pas trouvé un talent nouveau.

II

Et de fait, je l'ai reconnu, M. Dumas, dans ses *Idées de madame Aubray*, tel que je l'ai vu toute ma vie, et tel qu'il est dans toutes ses autres pièces... Les précurseurs ordinaires qu'envoient ceux qui se croient des Messies à toute première représentation, clamaient autour de moi, avant le lever du rideau, que ce serait le lever d'une aurore; qu'on allait avoir enfin la révélation définitive du talent dramatique de l'auteur du *Demi-Monde*, et l'exacte mesure de la hauteur à laquelle il pouvait s'élever. Mais je connais ces sons de petite flûte qu'on vous joue dans l'oreille pour vous la préparer, pour vous la velouter aux choses que vous allez entendre, et j'avais raison de ne pas trop m'y fier; car ils ont été

ce qu'ils sont toujours : des évaporations de bienveillance, des airs de flûtistes engagés pour un
soir, des sons jetés au vent par un petit trou!
M. Alexandre Dumas fils, dont je sais et dont je
dirai le talent, n'a jamais été et ne sera jamais un
poète comique.

Il n'a pas cette force, cette *vis comica* et cette
verve, qui doit être endiablée, et qui est comme
l'imperatorius ardor des poètes dramatiques vraiment puissants, et le signe distinctif de leur supériorité. Il est même l'opposé de la verve, cette frénésie
d'éclairs se succédant coup sur coup. C'est un
esprit froid, brillant parfois comme un glaçon, qui
ne se réchauffe pas même aux mots qu'il allume,
et qui doit souffler longtemps pour les allumer.
C'est un esprit volontaire, mais sec, qui *travaille
dans la passion*, et qui souvent y a trouvé un petit
filon qu'il gratte et regratte sans le purifier; mais
c'est là tout. Avec cela on peut faire un drame,
mais on ne fait pas de comédie, et je prétends que
l'auteur des *Idées de madame Aubray* n'en a jamais
fait. Hélas! il faut que nous ayons perdu jusqu'à
la notion de comédie, pour accepter sous ce grand
nom non seulement les œuvres de M. Dumas fils,
mais toutes celles de ce temps pleurard et à couteau
tiré avec le comique ; de ce temps où le Lachaussée
dont Voltaire se moquait, s'il revenait au monde,
en s'attifant un peu dans les crinolines modernes,

aurait encore de plus grands succès que M. Dumas fils et que M. Sardou.

Soyons francs ! les œuvres dramatiques les plus distinguées de notre époque peuvent être plus ou moins ingénieuses dans leur donnée première ou leurs combinaisons, plus ou moins piquantes et fines dans leur observation ou leur dialogue, mais toutes, sans exception, elles manquent absolument de ces trois rayons qui, tordus ensemble, font la foudre joyeuse du comique : la gaîté bouillonnante et profonde comme une source, la bonhomie et la rondeur. Nul de nos contemporains ne les a, ni séparées ni réunies. Mais quand on les a, on n'introduit point, on ne songe pas à introduire dans ses comédies les sentimentalités qui les faussent et que nous voyons dans toutes aujourd'hui. Regardez si Molière en a mis dans les siennes. Cherchez dans le *Misanthrope*, le *Tartufe*, l'*École des Femmes*, les *Femmes savantes*, le *Bourgeois gentilhomme*, l'*Amphitryon*, ce tas de chefs-d'œuvre ! Cherchez si Beaumarchais en a mis dans ses *Figaros !* Si Racine, qui savait pleurer pourtant, celui-là, en a mis dans sa fouaillerie aristophanesque des *Plaideurs !* Vous ne trouverez rien de pareil dans les pièces de ces grands comiques, pas un mot pour pleurer : il n'y a que des mots pour rire. Mais quand on manque de ces qualités suprêmes et nécessaires, on fait alors comme Sardou et comme

M. Dumas fils, et comme tous les autres (excepté les vaudevillistes farceurs qui font rire la bête que nous avons tous en nous sous l'homme d'esprit), et on remplace le comique par le dramatique, au théâtre, et les larmes du rire, impossibles, par les larmes de l'attendrissement bien plus faciles à faire couler !

Et voilà ce qui est arrivé encore une fois à M. Dumas fils dans les *Idées de madame Aubray*. J'ai cru presque, un instant, que nous allions avoir un dénouement triste, — aussi triste que le fond de la pièce, — quand l'inconséquence du personnage principal, dont pourtant l'auteur a voulu faire un caractère, nous a ramenés au dénouement de toute comédie qui doit, de rigueur, finir par un mariage, pour tous ces publics sans philosophie qui trouvent, de père en fils de public, depuis des siècles, que le mariage est toujours un dénouement gai. Les pauvres gens !

III

Et cette inconséquence, du reste, est le vice radical de la pièce de M. Dumas fils, qui fait l'effet tout le temps qu'elle dure, cette pièce, avec ses situations risquées et presque révoltantes, d'un château de cartes, élevé laborieusement, qui s'écroulerait sous la dernière. Je n'insisterai pas sur les détails drolatiques du christianisme de madame Aubray, que j'ai plus haut signalés. En fait, pour ceux qui ont un catéchisme comme pour ceux qui l'ont remplacé par une philosophie, madame Aubray n'est ni chair ni poisson. C'est un être équivoque. Elle est chrétienne comme elle est philosophe, et philosophe comme elle est chrétienne.

Madame Aubray, qui croit à l'égalité de l'homme et de la femme, à laquelle l'Église ne croit pas, et qui ne croit pas au libre arbitre, auquel l'Église croit ; madame Aubray, qui ne reconnaît pas de coupables, mais seulement des malades, des oisifs et des fous, n'en est pas moins pour M. Dumas fils qui n'a, lui, ni catéchisme, ni philosophie, un type de femme chrétienne, et de femme chrétienne supérieure, qui a des idées ! (Tonnerre de Dieu ! les idées de madame Aubray !) Dans la pensée et dans la volonté de M. Dumas fils, c'est une chrétienne robuste, pleine de foi, de certitude et de clarté, qui s'appelle elle-même chrétienne dans la pièce et qui, au premier choc, à la première difficulté, croule, s'éboule, se fond et disparaît... Et sous l'action de qui disparaît-elle, cette solidité ?... Sous l'action de l'éternelle coquine des drames de

M. Alexandre Dumas fils, plus forte que tout cette
coquine ! victorieuse de tout et de lui-même, en
tous ses drames ! En effet, cette idéale à idées,
madame Aubray, qui veut marier les filles tombées,
mais à d'autres qu'à ceux qui les firent tomber, et
qui ne conçoit les maisons de repentir pour ces
pauvres filles que comme des bureaux de placement, se trouve saisie entre ses sentiments et ses
idées quand son fils, qui a naturellement les idées
Aubray sur les réhabilitations et les réfections des
filles perdues, en veut épouser une ramassée et remise à neuf par la charité de sa mère. Hé ! hé !
c'est ici que les idées de madame Aubray sont renversées tout à plat sur leur auguste derrière, par
ses sentiments et ses intérêts maternels ! C'est ici
que, prise nettement entre ses idées et ses sentiments comme entre deux portes, elle y reste... et
ne s'en tirerait pas, sans l'attendrissement que lui
cause le mensonge de la fille ramassée qui veut
consoler de sa perte l'homme qu'elle aime en le
dégoûtant d'elle, et en se disant plus déshonorée
encore qu'elle ne l'est. C'est cet attendrissement
final qui décide le mariage du jeune Aubray, auquel
résistait très bien la forte mère, mais qui ne peut
résister à l'empire de la fille perdue, la *dea ex ma-
china* des drames de M. Dumas fils. Conclusion plus
sentimentale que maternelle ! C'est bien la peine de
donner des idées à des femmes, pour ce que celle-

ci en a fait. Ah! si l'on a quelquefois, à juste raison, dit que la femme était le diable, ce n'est pas toujours le diable du Dante, le diable qui était logicien !

Eh bien, toute cette inconséquence, toute cette anarchie de logique et de sentiment, toute cette fantaisie de morale et de réhabilitation des petites chairs coupables, a parfaitement réussi ! Tout le monde a applaudi tout avec un concert adorable ; tout, même les points et les virgules que les acteurs ont peut-être trop mis entre les mots. Ils ont tous très bien joué, et ma foi ! mieux qu'on ne joue à la Comédie-Française. Mais que leurs rôles étaient ingrats, et qu'ils ont dû être fatigants ! Mademoiselle Delaporte n'a pas pu se servir une seule fois, dans son rôle de Repentie à marier, de cet éventail de mademoiselle Mars que je me suis permis de mettre un soir dans son blason d'actrice. Elle n'a été que parfaite dans un rôle sans charme, mais elle aurait été certainement charmante dans un rôle qui n'aurait été qu'imparfait. Madame Pasca, cette splendide madame Pasca, qu'il faudrait sculpter assise sur le dos d'une panthère, comme la fameuse statue suédoise, a fait ce qu'elle a pu pour s'amoindrir aux proportions d'une espèce de quakeresse prêcheuse et contenir sa débordante beauté d'Érigone dans sa robe montante. Pauvre Bacchante dépaysée, qui n'avait pas (comme je voudrais la

voir) des grappes du raisin d'Ariane dans les cheveux, et qui, en écoutant ou en pardonnant, pen-
chait en avant son front superbe devenu attentif et
modeste. C'était délicieux, mais comme elle a dû
souffrir des sermonneries philanthropiques auxquelles on l'avait condamnée ! Avec de pareilles
lèvres, dire aussi tout cela ! Quant à Arnal, je veux
insister : c'était trente ans de comique qui mar-
chaient sur la scène et qui chauffaient la salle de
ces souvenirs de trente ans. On éclatait de rire dès
qu'il disait les moindres choses ; car il n'y a dans
la pièce de M. Dumas que des choses de cette
espèce-là. Arnal a pris les *Idées de Madame Aubray*
sous la protection de son comique personnel. Mais
voici une chose qui doit être dite, parce qu'elle a
son enseignement : ce n'est ni Arnal ni les autres
interprètes des *Idées de madame Aubray* qui en ont
fait le succès. Non pas ! ç'a été autre chose. La
salle avait été évidemment accordée pour le succès,
comme une harpe pour retentir... On a dit que personne au monde n'entendait ce qu'on peut appeler
l'ébénisterie théâtrale mieux que M. Alexandre
Dumas fils ; que personne ne savait mieux joindre
les planches d'un drame, les faire glisser dans leur
rainure, et donner à tout ce travail physique de la
chose théâtrale le moelleux et le précis de l'ajus-
teur. Ce talent, qui ne tient pas à la poitrine ou au
cerveau du poète dramatique, mais, pour ainsi dire,

à sa main, et qui fait le succès plus que le génie, n'est pas le seul talent qu'ait M. Dumas pour forcer le succès à lui rester fidèle. Il sait *faire* sa salle comme il sait faire son drame, et j'ai compris samedi les fatuités confidentielles de son article de la *Vie Parisienne*, d'il y a huit jours, sur les premières représentations.

V

Celle de samedi — je n'en doute pas — a dû coûter à M. Alexandre Dumas fils beaucoup de soins, de préparations, d'habileté, — de cette habileté qui vaut mieux pour réussir que le plus éclatant talent littéraire et qui en tient lieu au regard de l'Opinion, cette connaisseuse. La première représentation des *Idées de madame Aubray*, dont on avait parlé à l'avance dans des articles de journaux fins et dressés comme des pièges, où beaucoup de niais se sont pris, a été très brillante et parfaitement travaillée. La claque de l'amitié y a crevé héroïquement ses gants blancs. Toutes les nuances de l'approbation, de l'admiration, de la dégustation et de la pâmoison intellectuelle, car on a eu l'air de s'y pâmer de plaisir, y ont été représentées et réunies.

A chaque mot de la pièce qui n'était pas un trait, on a cherché et rêvé de spirituelles intentions, comme dans les *oh !* et les *ah !* de M. de Talleyrand on mettait de la profondeur; et ces intentions spirituelles, insaisissables, on les a applaudies et saisies, non pas avec les mains, mais avec les petits cris diésés de la jouissance voluptueuse. J'ai entendu dire autour de moi immensément de bêtises sur l'esprit de l'*auteur* des *Idées de madame Aubray*, qui n'avait qu'un défaut, prétendait-on, c'est d'en avoir trop. Et j'ai vu les gens qui disaient cela réfléchir sur cette catastrophe d'avoir trop d'esprit et devenir tristes, saules pleureurs et flatteurs du trop qu'avait M. Dumas fils; et il m'a été impossible de ne pas croire que c'est de semblables premières représentations, fortement organisées, qu'est sortie cette colossale réputation d'homme d'esprit faite à M. Dumas fils et à présent presque légendaire, mais qui certainement n'est pas plus vraie que ne le serait la réputation d'homme de génie, si, par hasard, on la lui faisait.

M. Alexandre Dumas fils n'est, en effet, ni l'un ni l'autre. C'est un écrivain d'intelligence, assurément, et de distinction relative, qui a quelque chose de la morgue anglaise dans la tenue de son talent, ce qui le fait respecter par les déboutonnés et les lâchés de la littérature. En cela, très différent de monsieur son père, qui, lui, se rapprocherait de ces derniers. Il n'en a pas le tempérament de satyre intellectuel et les forces animales, qui firent de cet homme bien longtemps une puissante nature, dépensée dans des excès de production ruineuse et vaine. M. Alexandre Dumas fils ne se ruinera jamais de cette manière. Il ne sera point un père prodigue. Il a des facultés continentes, justement le contraire de tout génie et de tout esprit, de cet esprit qu'on lui attribue. Il prend son temps pour en avoir, le fait venir de loin, l'arrange pour le mettre en valeur.

Certes! ce n'est pas ainsi qu'on est jamais un Rivarol, un Beaumarchais ou un Voltaire. Quant au rang qu'il occupera dans l'histoire du théâtre du XIXe siècle, malgré son aptitude à faire mieux que les autres les constructions dramatiques assez compliquées qui ont remplacé la comédie, je crois bien qu'il ne sera que le second d'un temps qui, du reste, n'a pas de premier.

LA DERNIÈRE CRÉATION

DE

FRÉDÉRICK LEMAITRE (1)

Jeudi, 11 juillet 1867.

I

Il est des hommes tellement exceptionnels que tout ce qui les regarde doit leur ressembler. Ils sont l'exception et ils la font naître. On a déjà — comme il le convenait — parlé de Frédérick Lemaître à cette place, à propos du drame le *Père Gachette*, joué trop peu de temps, mais que certainement on reprendra. Lors de la première représentation de cette pièce, le *Nain jaune*, comme tous les journaux, fit son feuilleton du lendemain ;

1. *Nain jaune.*

mais, aujourd'hui, c'est le feuilleton du surlende-
main que je voudrais faire. Je sais bien que ce
n'est pas l'usage ; — mais quand il s'agit d'un artiste
comme Frédérick Lemaître, c'est peut-être une nécessité.

Et d'abord, pour en parler mieux, appelons-le
tout simplement Frédérick. Les rois ne portent que
leurs prénoms, et il est le roi de la scène.

II

Eh bien, Frédérick donc, comme disait à ses
débuts sa gloire naissante, et comme dira sa gloire
définitive, vient, en jouant ce rôle si savamment
composé et si profond du *Père Gachette*, d'augmenter le répertoire de ses créations dramatiques
d'une création que je crois, pour mon compte, supérieure à toutes les autres. Et création est le vrai
mot. Ce mot, idolâtre quand on l'applique aux piètres conceptions de tant d'auteurs même à succès,
devient juste quand on l'applique à Frédérick, qui
est un *penseur sur rôle* à la manière de Talma.
Comme Talma, dont le fier génie, remué par Shakespeare, fit du romantisme avant tout le monde et
mit sa conception individuelle à la place de la tra-

dition, Frédérick, venu, lui, en plein romantisme, chercha toujours avec acharnement, dans le fond de ses rôles, ce que l'auteur lui-même n'avait pas eu parfois conscience d'y mettre, la chose rare, la perle de l'inattendu... Il n'eut point, comme Talma, à s'inscrire en faux contre une tradition, qui, de son temps, n'existait plus que méprisée ; mais, pour être plus original et plus vrai, il s'y inscrivit souvent contre les auteurs, plus ou moins forts, des drames qu'il jouait.

Cependant, il faut en convenir, quelle que fût la fécondité des conceptions de Frédérick et sa profondeur dans la vision intérieure de ses rôles, ce grand créateur créait moins quand il créait, par exemple, des rôles comme Richard Darlington, Kean, Macaire, Ruy Blas, Edgar dans la *Fiancée de Lammermoor*, où la création qu'il achevait avait été vigoureusement commencée, que dans une pièce comme le *Père Gachette*, par exemple, cet odieux mélodrame que, sans lui, aucun esprit un peu délicat et un peu littéraire n'aurait la force d'écouter. Le *Père Gachette* est pour Frédérick ce que le *Manlius* de La Fosse fut pour Talma, et encore davantage. Une création absolue, sortie non pas de rien, mais de l'abject, du commun et du bête, — ces trois choses pires que le rien! — L'abject, en effet, dans le *Père Gachette*, est le monde ambiant à travers lequel tout le drame se meut ; ce monde de

limousins grossiers, de ladies Macbeth de cabaret,
et de Thénardiers ; le commun, c'est l'exploitation
des sentiments paternels et maternels, encanaillés
par ces théâtres qui vous cuisinent le cœur humain
à l'usage des titis et des portières ; et le bête, ce
sont les mêmes sentiments dans la bouche béante
et le patois solennel des Prudhomme, qui les font
valoir. Et, néanmoins, c'est de tout cela qu'à force
d'art Frédérick a su faire, en tout ce qui concerne
son rôle, du noble, du pathétique et de l'exquis
dans les proportions les plus étonnantes ! C'est
envers et contre tout ce chaos du commun, de
l'abjection et de la bêtise, qu'il s'est montré véritablement créateur.

Et non seulement il avait contre lui ce que je
viens de dire de ce mélodrame, sans talent mais
non sans ignobilité, mais encore l'essence même
du rôle qu'il y joue. Certes ! s'il fut jamais de nature, de geste et de prestance, un homme fait pour
tous les fastes pittoresques du costume, pour toutes
les outrances extérieures en harmonie avec les
outrances des passions qu'il fut forgé pour exprimer, c'est, sans aucun doute, Frédérick. Il a toujours porté avec la même splendide aisance le
velours orgueilleux et princier et le haillon crapuleux. Frédérick est capable de représenter avec la
même perfection les types les plus opposés l'un à
l'autre : par exemple, les mendiants de Rembrandt

et les plus fiers cavaliers du *Triomphe de Maximilien* d'Albert Dürer. Mais le monde d'entre ces deux pôles, on pouvait croire, jusqu'ici, qu'il était moins apte à le reproduire, et que sa nature pléthorique et grandiose étoufferait sous l'insignifiance pneumatique d'un type populaire, mêlé de bourgeois, pris à ces derniers temps sans grandeur, sans poésie, sans accent, sans costume, sans rien de ce qui porte le talent dramatique et lui fait un pavois.

Frédérick, l'homme de la romanesque plume noire de Ravenswood et du panache cassé de don César de Bazan ; Frédérick, la plus admirable expression de la magnificence et de la ruine, — de ce qu'il y a de plus haut et de plus bas dans la vie ! — en veste et en habit carré de serrurier du dernier siècle ! Frédérick, cette espèce de Mirabeau-Vautrin dramatique, devenu un ouvrier rangé, modeste, bienfaisant et vertueux, était, à ce qu'il semblait, quelque chose d'inadmissible pour l'imagination prévenue, avant qu'on eût vu le *Père Gachette*, avant qu'on eût assisté à ce spectacle intéressant et suggestif dont on sort la tête pleine de pensées et avec des idées de plus sur la nature humaine et sur l'un des arts les plus complets qui l'expriment, puisque le grand acteur fait en bloc et sur place, uniquement avec ses organes, ce que font, avec d'autres instruments et d'autres moyens,

le statuaire, le peintre, le musicien et le poète ! On
ne l'a pas, en effet, assez remarqué. Le grand
acteur est la manifestation vivante de l'art tout
entier sous sa quadruple face. Il est statuaire,
peintre, musicien et poète, tout à la fois et en
même temps.

III

Et voilà ce qu'est suprêmement Frédérick dans
le *Père Gachette!* Pendant les cinq actes de cette
pièce, où l'on a fait se heurter quelques situations
qui font jaillir un intérêt grossier de terreur et une
anxiété violente, il a été tout ce que je viens de
dire, et ce qui constitue le grand acteur. Pendant
ces cinq actes, il nous a sculpté, en les prenant
toutes, une longue série d'attitudes superbes
d'une noblesse, d'une méditation, d'un désespoir
et d'une résignation incomparables. L'habit à la
Diderot, ce vêtement prosaïque et *bonhomme*, a
disparu tout à coup dans la magie de l'attitude, et,
comme les députés du Jeu de Paume du mâle
David, l'homme est devenu dans l'acteur aussi
beau que s'il avait été nu. C'était une statue qui
marchait, et cette statue à la Michel-Ange était

animée, et — disons-le ! — peinte, comme peignent les grands acteurs, en se mettant sur le front, dans les yeux, sur les lèvres, dans tous les traits d'une physionomie dont ils disposent comme d'une toile, la couleur, les pâleurs, la flamme et les larmes du peintre le plus passionné. N'ayant ici ni les vers de Hugo ni même la prose de Dumas, obligé de parler la langue fausse, incorrecte et souvent ridicule d'un rôle écrit comme les choses du boulevard, il la transfigure par les modulations de sa voix et par l'âme qu'il a infusée dans cette langue vulgaire !

En ses rôles les plus brillamment écrits et les plus heureusement inventés, Frédérick ne s'est jamais montré plus fort que dans le misérable *Père Gachelle*, où il s'est révélé si différent de tout ce que nous l'avions vu toujours... A force de concentration, de réflexion et d'art, le Frédérick nouveau du *Père Gachette* est devenu plus surprenant que l'autre Frédérick que nous connaissions... Celui-ci, dans l'ensemble de sa physionomie dramatique, était ce que j'appellerais volontiers « un lyrique de la scène », qui parfois touchait à l'emphase, et c'était même là la seule critique qu'on pouvait risquer contre cet homme formidable, quand on n'était pas médusé par la force intense et fascinatrice de son jeu. Mais le Frédérick du *Père Gachette* est le Frédérick de la simplicité, trouvée

enfin, arrachée au Sphinx de l'Art, dont elle est le
dernier secret! Dans tous ses autres rôles, le foudroyant Frédérick n'était pas arrivé à ce point de
vérité simple, tandis que l'y voilà, dans le *Père
Gachette* : « Salut, Macbeth, roi! » — Je ne dirai
pas qu'il est l'artiste le *plus* consommé, parce que
ce mot de consommé implique une idée absolue;
mais je dirai qu'il y est artiste consommé, et en
disant cela j'aurai dit assez; car on ne peut pas
dire davantage. Toutes les qualités qui firent Frédérick autrefois sont ici, du reste; mais elles y sont
employées avec une discrétion, une sobriété, une
sûreté, une profondeur qu'on ne saurait trop
admirer, et qui démontrent, en art, la souveraine
puissance. C'est là ce qui ne manquera pas d'échapper à ce gros public bête des théâtres populaires, lequel n'était pas électrisé, l'autre jour,
mais étonné plutôt, et qu'un si grand artiste, par
la simplicité et l'extrême noblesse de son jeu,
dépaysait. Grand avantage, selon moi, qui ai
l'horreur des foules, de leurs contagions et de leurs
écrasements, à ces troupes d'éléphants femelles
qui marchent sur tout ce qui est beau avec leurs
gros pieds lourds et sourds. Il n'y avait peut-être
pas dans la salle quatre personnes qui sentissent,
comme il le fallait, le grand artiste. Mais je suis
sûr qu'il y en avait trois !

Et j'insiste sur ce point : l'extrême noblesse, car

telle est la caractéristique la plus en saillie du jeu
de Frédérick dans *Gachette ;* l'extrême noblesse, qui
plane sur tout ce qu'il dit et fait dans la pièce
comme un ciel, un azur, je ne sais quoi de délicieux ! Je n'ai point à vous raconter la pièce aujourd'hui ; mais tout le monde sait, après les
feuilletons du lendemain, que le père Gachette est
le père d'adoption d'une petite fille qui se trouve
renfermée, par le fait de circonstances comme on
en tord et on en retord en ces malheureux drames,
dans une chambre de fer, où elle va mourir de
faim si on n'ouvre pas la porte à secret de cette
chambre. Or, le Père Gachette, un ouvrier qui,
à force de manier son art, comme Frédérick le sien,
est arrivé dans cet art à la supériorité la plus nette,
peut seul faire jouer le mystérieux ressort de cette
porte, et il a été interné, pendant son sommeil, par
ceux qui ont enlevé sa fille, dans une maison de
fous où il est cru fou, se trouve entouré de fous,
et craint tout-à-coup de le devenir... Il est gardé
à vue. Sortira-t-il ? ne sortira-t-il pas ? comment
sortira-t-il ? Après avoir tout essayé sans succès et
être monté au paroxysme le plus aigu de l'anxiété,
il finit par mettre le feu à la maison de fous et s'en-
court délivrer l'enfant ! Vous voyez d'ici s'il y a là
des occasions de se montrer le lion Frédérick, le
rugissant Frédérick, qu'on retrouve un instant, par
exemple, lorsque après avoir mis le feu à la maison

il rentre en scène à la lueur des flammes, en se-
couant ses deux torches au-dessus de sa tête, plus
torche qu'elles !

Mais ce n'est là que de l'énergie, et il y a plus
beau que l'énergie : c'est la noblese et la grandeur,
ces deux pures idéalités que l'artiste a poursuivies
cette fois, et atteintes tous les deux. Dans ce mélodrame du *Père Gachette*, Frédérick, s'élevant d'autant plus que l'œuvre qu'il avait à interpréter était
abaissée, s'est montré, à travers son sublime accou-
tumé, imperturbablement noble et grand depuis la
première ligne de son rôle jusqu'à la dernière.
Parenté des grands talents dans le même art ! on l'a
vu, dans la scène chez le duc d'Aubigny, pour l'aisance, la manière d'être assis et de répondre aux
questions du duc, pour les plus adorables nuances
de la diction et du geste, aussi parfait, aussi exquis,
à sa façon, que l'était mademoiselle Mars à la sienne
quand elle jouait Célimène et qu'elle causait avec
les marquis. On l'a vu dans une autre scène encore,
quand, enfermé dans cette maison des fous, il a
peur d'être fou lui-même, se démontrer qu'il ne
l'est pas dans une méditation... shakespearienne,
par la manière dont il l'a faite. Et certainement
Talma, dans sa fameuse méditation d'Hamlet, ne
devait pas être plus beau ! Magnifique don de l'expression du grand acteur, qui va par là jusqu'au
génie, et qui, dans cette chose si particulière du

théâtre, fait peut-être le grand acteur supérieur à l'écrivain dramatique, dont il a pourtant besoin pour exister !

Et c'est la question par laquelle je voudrais finir cet article sur Frédérick, ce penseur qui fait penser les autres. En venant de regarder le Père Gachette, qui est sa création intégrale (il peut s'en vanter), on est vraiment tenté de croire que les acteurs sont plus importants que les auteurs dans l'art dramatique, — et si cela n'est pas vrai d'une manière absolue, cela l'est certainement aujourd'hui. La littérature dramatique, cette littérature de consommation effrayante, et qu'il faut renouveler sans cesse, cette littérature qui ne roule que sur deux ou trois situations épuisées, et qui ne se permet que deux ou trois sentiments, juste au niveau de tous les cœurs, est maintenant ossifiée, momifiée, tournant au radotage, et, sans les acteurs qui la galvanisent avec leur âme, depuis bien longtemps elle ne serait plus. Ennuyés, écœurés, n'ayant pas même l'espérance niaise d'un messie théâtral, tant nous sommes fatigués d'attendre, nous n'allons plus maintenant au spectacle que pour les acteurs *seuls*.

Rien ne vaut, maintenant, au théâtre ; mais, s'il s'agissait de ce qui y valait autrefois, supprimez les acteurs, et les plus beaux rôles dans la littérature dramatique, laquelle a sa forme spéciale que

6

rien ne saurait remplacer, seraient positivement
comme non avenus. Demandez-vous donc ce que
sont Bajazet, Cinna, Britannicus, Ruy-Blas, dans
les livres où ils dorment, ensevelis comme des marionnettes au fond du sac dans lequel on peut les
porter?... Mais lorsque ces vieilles ombres chinoises,
découpées à l'emporte-pièce dans cette forme théâtrale, grande comme une assiette dans laquelle il
faudrait valser, ne restent pas au répertoire et
n'intéressent plus que les critiques et les archéo-
logues, un grand acteur qui vient à naître (rappelez-vous mademoiselle Rachel!) peut encore les galvaniser. Et c'est là ce qui fait l'importance de ce
Frédérick, qui vaut à lui seul toute la littérature
dramatique de ce siècle, et qui, debout sur les
ruines d'un art écroulé, fait croire encore que ce
ne sont pas des débris!

MADAME ALBERTINE DE MERRIS (1)

Jeudi, 19 septembre 1867.

I

J'ai assisté hier à la seconde représentation de
Madame Albertine de Merris, par M. Amédée Achard.
Je n'étais pas à la première, mais après les confi-
dences faites à tous les échos par M. Alexandre
Dumas fils, ce Machiavel bavard, sur la composi-
tion des salles les jours de *première*, cela vaudrait
certainement mieux, pour juger d'une pièce, d'assister aux secondes, s'il y avait encore quelque
part un public naïf et vivant. Malheureusement, il
n'y a plus de pareils publics, à présent. Il n'y a plus
guères que des publics morts, inertes et factices,
qui applaudissent, sans plaisir, à des choses factices. Ce qui m'a surtout frappé dans la représen-

1. *Nain jaune.*

tation d'hier, c'est l'incroyable hypocrisie de tout le monde. L'hypocrisie de la pièce d'abord, puis l'hypocrisie de ceux qui l'écoutaient et qui battaient des mains. Personne, ni sur le théâtre ni dans la salle, ne pensait ce qu'il disait ou ce qu'il faisait. Sur le théâtre il y avait un parti pris de moralité tellement haute que cela devenait presque incompréhensible, et dans la salle il y avait un public sceptique, blasé, indifférent, ce lâche bon enfant de public du XIXe siècle, — vous le connaissez?... — qui, devant les bourdes de moralité qu'on lui contait, se disait : « C'est, ma foi ! très moral, tout cela, mais est-ce bien possible?... »

Seulement, en attendant qu'il se répondît, il applaudissait.

Oui ! ma parole d'honneur, c'est là ce qui m'a le plus frappé dans la représentation d'hier. C'est là ce qui, pour moi, a été le vrai spectacle dans le spectacle. Dramatiquement, je ne m'attendais pas à grand'chose de M. Amédée Achard. J'étais assez incurieux de sa pièce. Quand on a la mesure de certaines têtes, on sait ce qu'elles peuvent, et le romancier, dans M. Achard, me donnait l'auteur dramatique. M. Achard n'est, en effet, qu'un romancier de consommation comme il en faut pour faire aller les cabinets de lecture ; un de ces faiseurs qui, d'une main facile et proprette, nous font des romans comme on fait des petits pâtés.

Les petits pâtés de M. Amédée Achard, qui ne sont pas des pâtés chauds et n'ont jamais brûlé personne, il a depuis longtemps, l'heureux homme, l'avantage de les étaler pompeusement sur la serviette de ces journaux qui se respectent (ils sont les seuls à cela), et qui ne voudraient pas exposer la dignité de leur haute-lisse aux pommes de terre frites de Rocambole! M. Amédée Achard *pâtisse* d'ordinaire dans le *Moniteur,* qui, par parenthèse, a bien pu donner à l'Empereur ses justes mécontentements contre la littérature, et où M. Lavoix (sans voix) fait de la critique comme M. Achard fait des romans. Il *pâtisse* encore dans le *Journal des Débats,* — ce pauvre *Journal des Débats,* en décadence, et dont la perruque est maintenant aussi pelée que les quarante gazons de l'Académie française, auxquels elle ressemble. Enfin, au *Constitutionnel,* ce Véron des journaux, qui, un jour, faillit vomir avec dégoût les *Parents Pauvres* de Balzac, sous prétexte qu'ils lui gâtaient sa délicate bouche; mais, en revanche, qui plus que personne est friand de la frangipane et des croquignoles de M. Amédée Achard. La moralité de ces grands journaux s'est toujours parfaitement arrangée de la moralité des romans de M. Achard, lequel semble avoir réalisé dans ses œuvres l'idéal charmant des bourgeois, l'union de la morale et du sentiment! Cela connu, je m'attendais bien à trouver dans la pièce intitulée

6.

Albertine de Merris ce pur filet de sentiment et de morale, qui coule un peu filandreusement, il est vrai, dans les romans de M. Amédée Achard. Mais, Dieu me pardonne! je ne me serais jamais attendu à la moralité transcendante, furieuse et féroce que j'allais y trouver, et à un stoïcisme du calibre de celui que j'ai pu contempler hier soir.

II

Madame Albertine de Merris est une belle jeune femme, qui a pour époux ce mauvais sujet traditionnel de mari que le diable, en le leur prenant, laisse pour excuse aux femmes coupables. Le mari, qui n'est pas sorti comme madame Benoiton, mais qui n'entre même pas dans la pièce, est sur le point de mourir, je ne sais où, lorsqu'elle commence, et cela va être une fière délivrance pour la belle Albertine, qu'une de ses amies, madame de Chaseuil, songe déjà à remarier. Or, cette Albertine, dans les idées de son amie, la verte commère de la pièce, — un caquet Bon-Bec, joué par mademoiselle Pierson avec un naturel et un mordant de gaîté que je n'aurais jamais cru voir sortir de cette Galatée de pâte de guimauve, qui finira peut-être par s'animer ! — cette belle Albertine est une perfection de toutes pièces, laquelle étonne bien son amie quand elle lui lâche, comme un coup de pistolet à brûle-pourpoint, dans une de ces fringales de franchise inconnues aux femmes, mais qui est nécessaire ici pour que le mélodrame de M. Achard (car c'est un mélodrame) ait sa raison d'exister, qu'elle, la vertueuse, la pure, l'incomparable Albertine, a un amant depuis six mois. Certes ! l'occasion est excellente, si M. de Merris, qui est à toute extrémité *là-bas*, vient à mourir, d'épouser cet amant. Mais... mais... mais... Madame de Merris, qui va vite en besogne, n'aime plus M. de Brevannes, son heureux vainqueur depuis six mois, et, pour donner à son amie la preuve qu'elle ne l'aime plus, elle le congédie, — puis s'en va soigner son mari pour revenir veuve, et nous la retrouvons veuve, au second acte et un an après.

III

Notez que je ne fais pas ici, et que je ne veux pas faire, une analyse patiente et détaillée de la pièce ; mais je suis en ligne droite la donnée sur laquelle elle est bâtie, parce que cette donnée, si elle est

fausse, entraîne tout le reste. Quand la colonne
vertébrale est cassée en deux bouts, l'homme ne vit
plus... Madame de Merris, devenue veuve, et revenue vivre à Paris de cette jolie vie de veuve d'un an
qui est bien la plus charmante existence qu'une
femme puisse mener et les plus délicieuses toi-
lettes — noir, blanc et violet, — qu'une femme
puisse faire, s'obstine à ne plus aimer du tout
M. de Brevannes, et cela presque malgré son amie,
madame de Chaseuil, et l'on ne voit pas très bien,
mais cependant commence de poindre dans l'âme de
la belle Albertine un autre amour pour un compagnon de son enfance. — Il s'appelle Cerclaux, celui-
là. Il est allé en Amérique, on ne sait où, comme
M. de Merris, — les hommes errants tenant une
grande place dans cette pièce, — et Albertine l'a
peut-être déjà aimé autrefois. Il y a, en effet, dans
l'âme des femmes, des palimpsestes les uns sur les
autres, et voilà que, dans un moment donné (comme
c'est agréable pour les derniers écrits!), ils se mettent, les uns après les autres, tous, à successivement
reparaître. M. Amédée Achard, malgré sa moralité,
a vu cela. Albertine de Merris en est revenue à son
premier palimpseste, et, sur le même canapé, elle
se jette avec le compagnon de son enfance en des
bucoliques enragées, qui sont bien tout ce que vous
pouvez imaginer — disons le mot! — de plus bête,
dans le langage le plus faux. Cette pitoyable chasse

aux souvenirs est à faire pouffer de rire l'homme le
plus disposé à respecter les niaiseries du cœur. Ces
amoureux du monde de Paris parlent des ruisseaux
où ils se sont mirés (textuel), et refont Daphnis et
Chloé dans la langue coquine du XIXe siècle, tartu-
fiée d'innocence! On est digne de rentrer au col-
lège quand on a écrit cela. Mais laissons la forme.
Ne semble-t-il pas évident, après de telles conver-
sations, que M. de Cerclaux pourrait bien être pour
quelque chose dans le renvoi si haut la main de
M. de Brevannes? N'en devient-on pas d'autant
plus sûr que le Brevannes revenant, comme tout
chien qu'on fouette, n'est plus congédié, mais *flanqué*
à la porte sur un assez indécent baiser que ce Don
Juan, de la façon de M. Achard, se permet de planter
dans les épaules de son ancienne maîtresse? Enfin,
n'a-t-on pas le droit de s'en croire absolument certain, quand le Don Juan que M. Achard n'a construit de ce bronze insolent que pour mieux le dis-
soudre, comme un morceau de sucre dans un verre
d'eau, — mais on ne sait dans quoi, par exemple! —
emet docilement ses lettres à madame de Merris,
à la première sommation, et commence à dégager
et à souffler comme une locomotive cette moralité
puissante et enflammée qui avait toujours som-
meillé en iui et qui s'éveille? Eh bien, non! péripétie plus étonnante que tout le reste : ce qui était
possible ne l'est plus. Albertine, à l'abri de tout,

sous la remise des lettres et les paroles d'honneur
de de Brevannes, Albertine, sans y être forcée par
quoi que ce soit, ne s'avise-t-elle pas de débagouler
son histoire? Et même quand, après l'aveu fait,
Cerclaux, la trouvant naturellement plus belle du
fait même de son aveu, — car on a toujours une
raison pour les aimer davantage quand on les aime,
— lui demande à genoux de l'épouser, elle refuse,
pleure, se tord, mais refuse, dans un accès de stoïcisme, — qui, je vous assure, a bien embarrassé
cette pauvre salle avant d'applaudir !

IV

Je l'ai dit : la salle hésitait. Elle se tâtait comme
Sosie, elle se demandait tout ébouriffée : « Est-ce
possible ? » Mais moi, je réponds hardiment : non,
ce ne l'est pas! Votre Albertine de Merris est arti-
ficielle. Ce n'est pas là une femme de notre civili-
sation et de notre temps. Ce n'est pas même une
femme du tout! La poupée d'Hoffmann vaut mieux
qu'elle. C'est une poupée de moralité, un trompe-
l'œil qui ne trompera personne. Je ne crois pas au
stoïcisme. La première chute de cheval corrige du
stoïcisme, a dit lord Byron. Je ne crois ni à Zénon
ni à ses disciples; mais, si j'y pouvais croire, je ne

croirais pas, du moins, à madame Zénon! C'est par
trop ridicule, madame Zénon. Il n'y a point de
femme — je le pose en fait — qui, dans la position
d'Albertine de Merris, se conduise comme Albertin e
de Merris; pas de femme qui, tout sauvé, tout ga-
ranti, tout blindé, s'immole gratuitement à l'idée
de sa faute. Seule, une chrétienne, touchée de ce
rayon surnaturel de la grâce auquel vous ne croyez
pas, le pourrait. Mais votre Albertine ne dit pas
un seul mot chrétien pendant toute la pièce. En
cela au-dessous et bien différente de madame Aubray, une caricature, mais au moins une caricature de chrétienne.

On conçoit les repentirs religieux; mais les repentirs laïques... Tenez! vous riez. Les voilà jugés!
Albertine est une femme du monde et reste femme
du monde, de ce monde moderne qui essaye de se
faire une morale en dehors de l'idée d'un Dieu personnel. Or, il n'y a qu'une chrétienne, et encore
une chrétienne en train de devenir une sainte, qui
soit assez forte pour repousser cette coupe de bonheur que des événements favorables tendent à
madame de Merris. Sans cloître et sans croix,
Albertine de Merris est incompréhensible. Ne voulant pas la faire chrétienne, ô feuilletoniste des
Débats! vous avez essayé de la faire stoïque, mais
vous deviez bien savoir qu'on n'élève pas des
stoïques avec le *Journal des Débats.*

Vous le saviez, mais vous l'avez oublié sans
doute. A force de filtrer de la morale dans vos
romans du *Journal des Débats*, ou du *Constitutionnel*,
vous aurez fini par vous griser de cette morale que
vous versiez aux autres, et, une fois gris, vous l'avez
crue plus forte qu'en réalité elle n'était. D'un autre
côté, romancier piqué, comme tous les autres, de
la tarentule du théâtre, vous avez trouvé le théâtre
en pleine réaction contre l'immoralité d'il y a quelques années; et, pour y conquérir les applaudissements que tout auteur dramatique veut avant tout
et à tout prix, vous avez redoublé de moralité.
Seulement, vous avez eu le trop de zèle dont se
méfiait Talleyrand. Vous n'avez plus vu clair dans
la nature humaine, à force de moralité. Vous avez
fait des choses impossibles, tant elles étaient morales! Vous avez fait des femmes qui se confessent
de leurs péchés à leurs amies pour le seul mérite
de se confesser. Vous avez fait des Don Juan qui
se corrigent du Don Juanisme en une minute et
demie, et sans qu'on sache pourquoi, — qui deviennent, en cette minute et demie, de tonitruants
et de vertueux éducateurs de la jeunesse, et qui —
feuilletoniste des *Débats*, que vous êtes toujours!
— élèvent tout à coup dans une gloire et une auréole la noble vie de l'épicier! Vous avez inventé
le dénouement d'*Albertine de Merris*, qu'aucune
femme n'imitera jamais, et vous lui avez donné un

second amant tout aussi incroyable qu'elle, et que
le premier ; car il est désolé de ne pas épouser la
femme qu'il aime, mais elle lui souffle sur le cœur
comme sur une muscade, et, s'escamotant de ce
cœur, elle y met une autre femme à aimer, qu'il
accepte immédiatement et qu'il épouse en garçon
soumis !

Certes ! je ne crois pas que jamais on ait entassé
dans une seule pièce plus de choses invraisembla-
bles, inacceptables, sottes et folles par amour :
est-ce amour qu'il faut dire, ou affectation de moralité? Le jeu très simple de madame Pasca n'a pu
sauver le faux de son personnage, et dégonfler la
déclamation que la langue de M. Achard lui fait
parler. Elle est encore plus malheureuse dans son
rôle d'Albertine que dans son rôle de madame Aubray, comme M. Achard est plus moral encore que
M. Alexandre Dumas.

Je demande qui nous allons avoir, maintenant,
et quel est l'ange nouveau et plus fort qui va se
risquer, par-dessus le dos de ces deux anges de
moralité dramatique, sur cette grotesque échelle
de Jacob?

GULLIVER (1)

Dimanche, 15 décembre 1867.

I

Il est deux heures du matin. Je rentre chez moi par un ciel acéré, — un ciel d'hiver d'un beau bleu et une lune perçante... perçante comme un coup de sifflet! Sifflerait-elle là-haut pour faire écho à ce que je viens d'entendre? car ici-bas nous venons d'être légèrement sifflés... « Je ne le dirai point devant vous, chastes étoiles! » s'écriait Othello. Mais moi, parbleu! je le dirai très bien devant vous, chastes étoiles! Nous avons été légèrement sifflés.

Ah! cette féerie... est-ce assez féeriquement mauvais!...

1. *Nain jaune.*

Que Dieu en soit béni, du reste, s'il y a un Dieu pour les théâtres, ce que je ne crois point! car, s'il y en avait un, il les ferait fermer. Mais qu'il en soit béni, dans tous les cas... Dieu est quelquefois bien dur pour le pauvre monde; il trompe beaucoup de nos espoirs. Mais, aujourd'hui, c'est ma crainte qu'il a trompée, et non mon espérance. Je craignais en effet que cela fût bien, ce *Gulliver*, comme ces choses matérielles, sensuelles, grossières, ineptes, idiotes à tous les points de vue de l'esprit, peuvent être bien à tous les points de vue de la bête humaine, qui veut être amusée, remuée, secouée à sa manière. Mais la bête humaine n'a pas été, pour le coup, plus contente que les gens d'esprit qui étaient dans la salle. Que voulez-vous?... La machine n'est pas infinie, ni le truc, ni la calembredaine. *Gulliver* après les *Pilules du diable*, après *Cendrillon*, et les autres chefs-d'œuvre adorés de ce genre adorable, n'a paru qu'une redite et un affadissement à ce public, venu là pourtant avec une avidité de gobe-tout et une monstrueuse badauderie, et, pour lui, il n'y a eu dans tout cela que la nouveauté de l'ennui.

N'est-ce que la faute des auteurs, ceci, ou serait-ce la démolition de ce genre de pièces qui commence?... Je serais, pour mon humble compte, assez porté à croire à la faute des auteurs; car la bêtise humaine n'est pas comme les machines et les trucs, elle! « S'il y a quelque chose d'infini dans le monde, c'est la bêtise, » — disait l'empereur Napoléon.

II

Je ne tiens donc pas le genre en question pour usé. C'est une déroute particulière sous le consulat de Hostein, *consule Planco* et non *plausu*. Voilà t out! Mais moi, je connais le public de la nouvelle Athènes, comme disent les universitaires et les académiciens, et je suis très sûr que nous reverrons encore longtemps de ces spectacles qui sont, dramatiquement, le dernier degré auquel l'imagination puisse descendre. Il y a plus d'imagination, en effet, à écouter un simple pitre, une simple queue-rouge, sans illusion, sur une place publique, le soir, entre quatre chandelles, qu'à venir avaler ces prodigieuses calembredaines, accompagnées et soutenues de tout ce que l'art industriel, le trompe-l'œil et toutes les ressources dont le théâtre moderne dispose peuvent y mettre, sous le grand prétexte culinaire que la sauce fait manger le poisson.

Après *Gulliver*, tout ne sera pas fini. Et que dis-je?... ce *Gulliver* lui-même, ce Polichinelle de *Gul-*

liver, dont les ficelles n'allaient pas très bien ce soir, qui est tombé sur ses bosses de l'arrière et de l'avant-train, et qui s'est démantibulé quelque chose, on le ramassera, on le reprendra, on en opérera le recollage. M. Hostein va scier là-dedans et *colleforter*... et la puérilité publique est si bonne fille qu'elle se contentera de ces morceaux ! !

Quant à l'analyse de tout ce qu'on vient de nous jouer, *n'attendez pas, messieurs*, — comme disait Fléchier, — que je vous la fasse, que je vous *découvre le corps de ce grand* Polichinelle, *étendu sous le*... sifflet qui l'a frappé. Les tourneurs de meule du lundi se chargeront, s'ils veulent, de cette besogne, mais pas moi! Si on ne savait pas par l'affiche que cela s'appelle *Gulliver*, et si on n'avait pas lu le roman de ce nom, positivement on n'y comprendrait rien. On perd le fil, à chaque instant, de cette enfilade de tableaux qui n'ont pas d'autre raison d'être que la nécessité de les faire se succéder les uns aux autres. Je connais tel lundiste qui, à propos de cette farce infortunée de MM. Clairville et Blum (il y en a bien un troisième, mais on ne retient que ce qu'on peut), nous fera un petit cours d'Athénée sur *Gulliver*, lundi prochain.

Bonne occasion pour pincer un peu de littérature anglaise, et, comme cela, éviter de parler de la pièce d'aujourd'hui et de faire de la peine ou du tort à ce pauvre Hostein, qui a dépensé tant d'argent pour monter ce qui s'est démonté soi-même, et *tout à truc!* Mais, quant à moi, j'ai trop de respect, un trop vieux fond de respect littéraire, pour compromettre, en en parlant à propos de telles mascarades, les œuvres d'hommes de génie comme l'auteur de *Gulliver* ou de *Robinson,* par exemple, dans lesquelles les farceurs à tableaux et à musiqu e du temps présent coupent des vestes pour leurs Arlequins, leurs Pierrots et même pour eux.

Je ne veux pas pédantiser là-dessus. Je ne suis ni Magnin, ni Villemain, ni Patin, ni Janin. Je ne traiterai pas littérairement des choses qui sont en dehors de toute condition littéraire : « Si vous voulez parler de Dozanville, parlons de Dozanville ! » Laissons là donc la littérature, et parlons spectacle à ces *spectacliers.*

III

Eh bien, comme *spectacliers,* ils ont raté net leur affaire ! Ils n'ont pas même eu la vérité grossière de l'illusion scénique, la vérité à leur portée, à ces affreux matérialistes de l'art, à ces maquignons de théâtre, à ces entrepreneurs... J'ai vu parfois des chevaux peints par des maquignons

qui savaient leur métier, et qui leur faisaient des
robes étoilées auxquelles tout le monde se prenait;
mais les maquignons du Châtelet n'ont point de
ces mises en couleur fallacieuses et souveraines.
Ainsi, par exemple, ils ont, à un certain moment
de leur pièce (*Gulliver adjuvante*), inventé une île
de femmes-chevaux. Rien n'était plus facile à cos-
tumer. Le simple bon sens et l'habitude des bals
masqués, où ces choses-là se font très bien depuis
des siècles, indiquaient à ces maquignons, pleins
d'inexpérience et de jeunesse, qu'ils pouvaient
aisément faire des chevaux au buste de femme,
et pourtant ne pas les priver de la croupe de leur
espèce.

Pourquoi n'y ont-ils pas pensé?... Ils ont tremblé
devant les quatre pieds; ils ont défailli devant cette
croupe, et, dans leur défaillance, ils l'ont remplacée
par une queue. Quelle heureuse manière, non pas
de la tirer, mais de s'en tirer! Ces femmes-chevaux,
que personne ne pourrait monter, du reste, font,
tout le temps qu'elles sont en scène, des espèces
de mouvements de bras pour figurer le galop du
cheval, et rien, non! rien, ne peut donner l'idée de
l'idiotisme équestre de ce galop! Faire des hommes
idiots, ce n'est pas surprenant. Tous les théâtres
et tous les auteurs font très facilement de cet idio-
tisme-là, mais idiotiser le cheval, abêtir physique-
ment cette belle et noble bête, voilà ce qu'on a

fait hier, au théâtre du Châtelet, pour la première fois ! ! Il y aurait eu là toute une écurie, qu'elle aurait sifflé !

Et puisque nous en sommes à cet article *queue*, que M. Hostein pourrait bien perdre, comme le rat de la fable, à la bataille, cette queue des femmes-chevaux nous fait naturellement penser à celles des oiseaux, lesquelles font un coup d'œil si gauche et si grotesque que l'effet général du ballet en reste manqué. Toutes ces queues postiches, duriuscules et ridicules, sans vibration, sans ondulation et sans *flou*, qui se choquent pendant le mouvement de la danse et qu'on croit voir se détacher dans le choc et tomber de l'endroit où elles sont suspendues, ces queues inquiétantes pour l'imagination produisent sur elle la sensation contraire à celle qu'on voulait lui donner. Dans cette féerie à queues néfastes, qui ne fera pas autrement queue, il n'y aura, je crois, que le Diable qui y mettra la sienne avec succès.

IV

Ce ballet, il est vrai, n'est pas le seul qu'il y ait en *Gulliver*. Il y en a un autre, préférable de beaucoup à ce ballet caudal, c'est le ballet des Papillons et des Abeilles qui le précède dans l'ordre de la pièce, et qui, de costume et d'originalité d'effet, lui est infiniment supérieur. Je dis de costume et d'effet ; car l'un comme l'autre de ces ballets n'est correctement dansé par personne. Toutes les danseuses y sont perpétuellement hors de mesure, et aucune ne rachète par les grâces ou les beautés de sa personne ce qui manque à l'art de son jeu. Néanmoins, puisque nous faisons de la critique à la mesure de ces pièces pour l'œil, qu'on nous donne insolemment aujourd'hui pour des pièces de théâtre, nous dirons, pour être ce qu'il faut être toujours, — strictement juste, — qu'ici les costumes sont jolis, et que l'entrée des papillons de nuit aux longues ailes bleu sombre, au milieu de ces éblouissants papillons de jour et de ces mouches à miel au corsage or et noir, a été d'un contraste charmant et neuf. Sans ce détail, mais ce détail unique, nous n'aurions absolument rien à applaudir dans cet opéra, qui restera, comme un cul-de-jatte qu'il est, pleutrement à terre, au lieu de s'élever aux frises du triomphe...

V

Et les acteurs?... Les acteurs qui sont tout, partout, les acteurs qui valent mieux que la littérature qu'ils interprètent, les acteurs qui sont le théâtre dans cet écroulement universel du théâtre, où la tragédie est tombée dans le drame, où le drame tombe dans la comédie, la comédie dans le spectacle brute et bête, et où les auteurs dramatiques, ces lapins vidés, se rembourrent le ventre avec des romans, et des romans que les gueux n'ont pas même faits! oui, les acteurs, que sont-ils dans cette pièce de *Gulliver*, qu'ils pourraient au moins réchauffer de leur talent, s'ils en avaient? Eh bien, il faut le dire, ils n'en ont point, et ceux qui en ont n'en montrent pas! Tous, tant qu'ils sont, ils ne sont que des grimaces sur des pâleurs! Lesueur, qui fait le rôle le plus bouffon (d'intention, mais avortée en impuissance), de cette malheureuse pièce, qui n'a pas d'autre gaîté que la gaîté vulgaire de ces polissonneries que Rabelais, lui, qui n'y allait pas par quatre chemins, appellerait rudement : le *rire de la braguette;* Lesueur, malgré la couleur framboise de son visage, est d'un

blême affreux de froideur et d'une outrance de caricature insupportable. Raynaud, qui joue Gulliver, est aussi terne que cet habit gris avec lequel
il traverse toute la pièce, et qui a beau tomber à la
mer, en sort toujours parfaitement sec, comme
l'oiseau royal de la perruque de Lesueur. Et je ne
dis cela que parce que nous sommes au théâtre de
la Réalité matérielle, de cette réalité qui fait la
fière et à laquelle il m'est agréable de rabattre un
peu le caquet. Mademoiselle Alphonsine, qu'ailleurs j'ai vue bonne, charge à sa manière presque
autant que Lesueur à la sienne, et, disons-le lui
gracieusement, elle est détestable ! Elle a l'air de se
moquer d'elle et de nous... D'elle, c'est bien ; mais
de nous, c'est trop... Ajoutons que mademoiselle
Alphonsine change trois fois de costume, et,
hormis dans le dernier acte, elle n'est qu'un cube
de chair et de soie, — une borne, mais sans melon
dessus, ce qui, du moins, rendrait la borne intéressante pour ceux qui aiment le melon. Mademoiselle Schneider enfin, la reine de ces lieux, de
cet Alcazar des théâtres, ne s'y montre que ce
qu'elle est toujours (c'est sa destinée) : la lune,
que dis-je? le croissant, que dis-je encore ? le fan-
tôme de lune de Thérésa, — de cette Thérésa que
je voudrais voir à la scène et pour qui il faudrait
des rôles, mais par quelqu'un qui saurait les
tailler ! Sans Thérésa, il est évident qu'il n'y aurait

pas de mademoiselle Schneider. Elle l'imite, mais avec une voix qui n'a ni le mordant, ni la portée, ni l'âme violente qu'on sent dans la fruste voix de Thérésa, cette musicienne de par Dieu ! Cette voix de mademoiselle Schneider, usée par le métier et qui ne fut jamais très puissante, a une note cependant, une seule note, — de flûte, — qui fait plaisir dans l'absence des autres, et on l'aime comme ces yeux des laides dont le prince de Ligne disait si joliment : « Ils règnent dans le désert. »

En fait de notes, du reste, ce n'était pas un désert que la pièce de ce soir, mais au contraire un trop-plein de notes fausses abominables. On y a indignement chanté, et encore plus mal qu'on n'y a dansé. Une jeune fille, mademoiselle Eugénie, qui jouait le Génie des voyages, a, d'émotion peut-être, chanté faux autant que les autres, mais comme son corsage chantait juste ! Quelle musique charmante que ses épaules ! et comme la plus divine des harmonies est encore la visible, la tangible beauté !

VI

J'ai tout dit de cette grande misère... qui n'enrichira pas M. Hostein. Des auteurs, que voulez-vous que j'en dise?... Les dépeceurs de génie, les Shylocks de la spéculation, qui viendraient hardiment prendre leur livre de chair sur le sein immortel des grandes œuvres, pourraient avoir encore, comme le Juif de Shakespeare, quelque chose de grand et d'osé dans leur attentat; mais s'ils ne coupent cette chair sacrée que pour en faire une livre de suif de plus et ajouter au compte de leurs chandelles, ce ne sont plus que de sacrilèges épiciers...

MADAME DESROCHES

VOYAGE AUTOUR DU DEMI-MONDE (1)

Dimanche, 22 décembre 1867.

I

Si le progrès pour un auteur qui fait des comédies est de devenir de moins en moins comique, la pièce d'hier soir est, je crois, le dernier progrès de M. Léon Laya, et je me flatte qu'il n'en fera plus... Cela me semble impossible. M. Laya a ce que Voltaire appelait le *malheur de n'être pas né plaisant*. Il est né le contraire. C'est un grave, — de race grave. C'est le fils de Laya de *l'Ami des lois* et *non du sang*, qui ne représente pas, comme on sait, tout ce qu'il y a de plus gai en littérature dramatique, et il est le Legouvé de son père. Il *fait* dans

1. *Nain jaune.*

la vertu paternelle, comme **M.** Legouvé dans le sentiment et les madrigaux paternels. Seulement, la vertu au théâtre est tenue (elle l'était autrefois du moins) à de l'agrément, de l'entrain, du mordant, de l'observation, du comique, et celle de **M.** Laya n'a rien de tout cela. C'est, en fait d'esprit, la *Duchesse Job* de la pauvreté. Mais c'est ainsi qu'on réussit maintenant dans la maison de Molière! Aussi, de tous les triste-à-pattes de ce perchoir à hiboux du Théâtre-Français, **M.** Laya est-il un de ceux qui ont les yeux les plus ronds, la plume la plus grise, l'air le plus funèbrement rengorgé, et qui s'accrochent le mieux (voyez le succès du *Duc Job!*), de leur honorable patte, à leur honorable bâton!

II

Et cette pièce-ci ne l'en fera pas tomber. Elle est dans la donnée pédantesque qui convient à l'endroit dans lequel on la joue. Cette pièce, dans laquelle l'auteur, le Legouvé-Laya, empiète sur le majorat du Legouvé-Legouvé, et s'expose à un procès en revendication; cette pièce qui devait, dit-on, s'appeler les *Jeunes Filles*, et qui s'appelle tout simplement *Madame Desroches*, comme *Tartuffe* s'appelle *Tartuffe*, est une moralité en quatre actes à faire bâiller tout un bataillon de doctrinaires. C'est, en effet, une pièce à endoctrinement... M. Laya, dans cette thèse en quatre actes, a voulu montrer quelle est la maternité la plus intelligente quand il s'agit du choix d'un mari pour une fille, cette difficile question qui est, pour la femme, un commencement de destinée. Et pour cela, bien entendu, — car au théâtre les moyens ne sont pas variés et on retombe toujours dans les mêmes ornières, — il a opposé deux mères l'une à l'autre, et il a fait rouler toute sa comédie *incomique* sur cette opposition. Madame la comtesse de Villers, c'est la mère de la liberté, de la confiance, du laisser-faire, de la culture en pleine terre, du *Comme tu voudras, mon enfant*. Madame Desroches, au contraire, c'est la mère de l'esclavage, de la défiance, de la protection comme les économistes n'en veulent pas, de la culture en pot, et le pot est étroit pour les racines de mademoiselle Louise, qui me font l'effet d'être bien longues... Or, entre ces deux maternités, le grand moraliste qu'on appelle M. Laya ne pouvait pas hésiter. Il connaissait son public, et même il en était. Il était d'un siècle où le plus affreux et le plus bête des sentimentalismes a en permanence ses inondations de la Loire ; où l'on pratique la camaraderie et le pêle-mêle de l'égalité avec les enfants, qui appellent gaillardement leurs pères « des amis », et où on applique aux mœurs comme aux lois le « lâchez tout! » des ballons. M. Laya a donc été pour la comtesse de Villers contre madame Desroches. Et s'il a un succès, — car une première représentation, devant les corrompus d'une première représentation, ne prouve rien, — c'est *à cela seul* qu'il le devra!

Oui! c'est à cela seul! L'art, le talent, n'y seront pour rien. Nous sommes de ceux qui croient profondément que tout est dans l'art avec lequel on sait s'y prendre ; nous sommes de ceux qui croient que tous les sujets sont égaux devant le talent, — et même c'est la seule égalité que nous puissions reconnaître. Nous sommes enfin de ceux qui pensent que Voltaire ferait passer Prudhomme, et, si cela lui plaisait, l'emporterait en croupe derrière lui. Mais l'art de M. Laya! Le talent de M. Laya! Mais la mise en œuvre de M. Laya! Est-ce que cela existe à un degré quelconque? Est-ce que le Prudhomme n'est pas là tout seul, — non plus en croupe, mais sur la selle?

Je voudrais qu'il fût entre deux !

Il n'y sera point. Je suis son augure. Je suis persuadé, pour ma part, — persuadé à force de mépris pour les publics contemporains, — que *Madame Desroches* va s'implanter, comme le *Duc Job*, pour un temps indéterminé, dans ce sol du

Théâtre-Français, qui souffre tout. C'est bâti et c'est
bâclé pour cela !

III

Est-ce que je serais tenu, par hasard, à faire l'a-
nalyse de cette chose?... J'ai dit déjà l'antithèse si
vulgaire entre deux mères : madame de Villers, qui
est la raison même de la pièce pour l'auteur et pour
le public, et madame Desroches, qui est son repoussoir. Autant de madame Villers a une fille rassu-
rante, qui ne veut que ce que veut maman, quoiqu'elle ait dans le cœur un petit amour qui contrarie
un peu maman ; autant madame Desroches a une
fille inquiétante, — mademoiselle Louise, — tant
elle est indépendante, spirituelle (pas dans le dialogue, puisqu'il est de M. Laya), et tant elle se permet de juger et d'écrire, cette petite ; car elle écrit !
Elle a un gros cahier de ses pensées, son *livre bleu*
de la *vie parisienne*. Depuis cette pauvre Eugénie
de Guérin, toutes les filles de Paris, ces jolies sin-
gesses, ont leurs petits *memoranda* et leur cahier.
C'est un second miroir ajouté au premier. On n'en
a jamais trop. Or, cette inquiétante mademoiselle
Louise, cette cartouche qui a trop de poudre, et

qui fait à sa mère la peur, très légitime, selon moi, de pouvoir à chaque instant éclater, ne s'est-elle pas éprise d'un amour qu'elle cache pour son parrain, — l'amiral de Rosay, — et ne refuse-t-elle pas obstinément un mariage à la Scribe de cinq millions armoriés et timbrés de la pairie d'Angleterre? Un tel refus est d'autant plus irritant pour les Desroches qu'ils sont banquiers et mal dans leurs affaires... De là, comme vous vous en doutez, le développement du caractère, fort peu nouveau, de madame Desroches, qui opprime son mari, un honnête niais, — le sentimentalisme imbécille, comme la comtesse de Villers est le sentimentalisme prétentieux, — et qui n'est, en somme, comme on dit grossièrement, mais avec une grossièreté que j'aime parce qu'elle rend ridicule la femme dont on le dit, qu'une « porteuse de culottes ». De là, aussi, le développement de l'individualité de mademoiselle Louise, laquelle n'est que l'individualité de toutes les jeunes filles qui jugent leurs parents, les méprisent et leur résistent. Le sentimentalisme faux de M. Laya donne une entorse ici à sa vertu... C'est précisément sur la question du livre bleu et du *memorandum* mystérieux de mademoiselle Louise, surpris par madame Desroches, que le déchirement a lieu entre la mère et la fille, et que l'amiral de Rosay, le parrain, dit à Louise, pour la tirer des griffes crochues de sa mère, le mot qui a fait la fortune de la pièce et retourné toute la salle, qui n'était pas alors tournée du côté de l'auteur : « Louise, veux-tu m'épouser?... » Pardieu! cette cachottière de Louise ne demande pas mieux. Mais, rubrique sublime! un ordre du ministre de la marine envoie l'amiral de Rosay en croisière ou en voyage, je ne sais où, pendant que Louise attendra sa majorité pour se marier malgré sa mère. C'est du troisième au quatrième acte que cette majorité s'accomplit. Rosay revient du bout du monde, et, comme il ne se croit pas aimé, à cause de son âge, — cette lâche préoccupation qui pèse sur la vie de tous les hommes dont la jeunesse est passée, — il revient mélancolique, mais stoïque, et disposé à marier sa filleule n'importe avec qui, et même j'ai cru un instant qu'il monterait à cet héroïsme, l'amiral, comme un matelot dans un hunier. Oui! j'ai cru un moment entrevoir ce succès de sanglots et de mouchoirs de poche. Mais je me trompais.

Le mariage a eu lieu entre Louise et l'amiral, malgré les fureurs et les résistances de madame Desroches, qui finit tout à coup par consentir... Et c'est ici, à mon grand étonnement, que la pièce de M. Laya s'est voilée comme une Isis antique, et, je l'avoue en toute humilité, c'est alors que je n'ai plus rien compris à la volte-face en pirouette de son dénoûment.

En effet, ils sont tous là à se chamailler. La Des-

roches est tragique. Elle justifie son nom de Desroches. C'est un rocher contre lequel ils écument
et se battent tous, quand psst! psst! Louise sort et
rapporte un bracelet à sa mère, et sur ce bracelet,
sur la vue de ce bracelet, sur le simple ressort de
ce bracelet, voilà que la Desroches, ce rocher, ou
plutôt cette masse de rochers que l'on appelle
Desroches, s'attendrit, se mouille, se détrempe
comme du carton-pierre dans de l'eau... Eh bien,
que le diable m'emporte si je n'ai pas été ahuri de
ce bracelet! Je me suis cru un imbécille et M. Laya
un homme d'esprit. Je me suis dit que j'avais eu
une distraction pendant laquelle le sens de ce
bracelet m'avait échappé... Mais, autour de moi,
j'ai vu qu'on avait l'air encore plus ahuri que moi !
Je suis donc allé aux renseignements et j'ai fait
une enquête, mais personne n'a pu me dire comment il se faisait que le bracelet avait fondu madame Desroches. Les uns me disaient que c'était un
bracelet miraculeux, rapporté de Rome et béni par
le Pape. Les autres, plus malins, que c'était un
petit moyen de corruption, employé par la piété
filiale. Les Polonais seront toujours les Polonais !
Les bracelets seront toujours les bracelets ! Mais
rien ne m'a satisfait de ces diverses explications,
et j'ai vu que personne n'en était satisfait non
plus, tout en les risquant.

Si, lundi prochain, messieurs les lundistes ont

compris, eux, ce bracelet incompréhensible, c'est
qu'ils en auront sans doute envoyé chercher l'explication chez M. Laya, par un commissionnaire,
— et, d'ici à lundi, M. Laya, mis par eux en de-
meure, aura peut-être eu le temps de la leur
donner.

IV

Telle est la forte texture et le fort *hiatus* des
inventions de M. Léon Laya : *Ego nominor Leo!*
Quant au style, la chose est écrite comme elle est
pensée. M. Louis de Carné écrirait-il comme cela la
comédie?... Qui sait? Je crois bien qu'il aurait
plus de verve et plus d'éclat. Le style de M. Laya
est lugubre. C'est un style de croque-mort littéraire, — qui vise au sentiment. Car, n'oubliez pas
ceci ! M. Laya est un austère sentimental. C'est là
sa caractéristique. Tout austère qu'il est, cependant, il a des moments où il s'amourache de la
couleur locale et où il en fait. La *marine* du rôle de
Rosay est excellente : c'est la seule chose comique,
involontairement comique, de la pièce ; et aussi
cette trouvaille de M. Énaut, — le mari de mademoiselle de Villers, — *invisible* et *présent* tout le temps

de la pièce, — absent, pour démontrer plus aisément, à ceux qui ne le voient pas, que les jeunes filles ont raison de faire des mariages d'inclination. Ce M. Énaut qui couvre toute la pièce, ce M. Énaut qui remplit toute la pièce, a fait mon bonheur pendant toute la pièce. Je me répétais tout bas, après l'acteur et l'actrice : Monsieur Énaut. — Mais pourquoi M. Énaut? Pourquoi nommément M. Énaut?... Et je suis encore à chercher la raison d'acoustique qui a fait appeler à M. Laya son mari invisible : M. Énaut!!!

V

Écrite comme elle est pensée, la comédie de *Madame Desroches* est jouée comme elle est pensée et écrite. Le rôle principal, qui n'est pas celui de madame Desroches, mais de mademoiselle, fait sur mesure pour madame Victoria Lafontaine, a le grand inconvénient de tous les rôles faits sur mesure. Il pousse l'actrice à exagérer ses défauts naturels. Madame Victoria Lafontaine est une petite nerveuse, exiguë, mais très convulsive, dont tout l'effet est dans des étouffements de voix, incessamment reproduits. Elle abuse de ces étouffements.

C'est trop ou ce... n'est pas assez! Elle devrait en finir. On dirait qu'elle a ce que la médecine appelle des « boules hystériques », ces boules qui semblent monter le long d'une tige du fond de l'estomac à la gorge, où elles strangulent la voix. Très câlinée du public auquel elle plaît, madame Victoria Lafontaine n'est, en fait de passion, qu'une Marie Dorval de bonbonnière... Bressant, qui jouait Rosay, le romanesque ci-devant jeune homme, qui doute de sa puissance, a été aussi faux, aussi déclamatoire, aussi ampoulé que son rôle. Il tire son mouchoir de sa poche quand il pleure. Geste peu amiral! Du reste, excepté pour les phrases impayables du premier acte sur le vaisseau, les matelots, les écueils, le gouvernail, la tempête, et aussi pour faire disparaître de Rosay sur ordre du ministre, en attendant la majorité de Louise, on ne voit pas trop, dans cette comédie de *Madame Desroches*, la nécessité d'un amiral. Mademoiselle Nathalie aurait eu peut-être du succès à la Porte-Saint-Martin. Quant à mademoiselle Ponsin, qui jouait la comtesse de Villers, grande et raide elle avait l'air de s'empaler littéralement sur ce qu'elle disait, ce qui n'était pas dans son rôle... C'était vraiment trop de raideur pour une mère si tendre et si coulante. Mademoiselle Ponsin a été comme le maréchal de Turenne, qui n'avait point le physique de ses sentiments. Cela ne faisait pas grand'chose pour le

maréchal de Turenne... mais, pour une actrice, il
faut avoir ou *se créer* le physique des sentiments
qu'on exprime, ou bien on ne sera jamais une
maréchale dans son art!

VI

La veille du jour où le Théâtre-Français a donné
Madame Desroches, ils ont joué aux *Bouffes* ce qu'ils
appellent (car les pièces ont perdu jusqu'à leur
nom) une fantaisie. Ce n'est pas la mienne! On
disait autour de moi — les gens qui n'en étaient
pas comme moi à la première impression de la
chose — que c'était la dixième fois que cette pièce,
intitulée aujourd'hui un *Voyage autour du demi-
monde*, avait été faite par un des auteurs, M. Thiéry,
qui impose, à ce qu'il paraît, à ses collaborateurs,
le rabâchage de sa collaboration, et les enferme
dans un cercle, qui n'est pas magique, d'une bêtise
comme le Styx, redoublée neuf fois. Mais, faites
dix fois, les plaisanteries de cette pièce l'ont été
bien davantage. C'est bon d'être bécasse, mais
quand la bécasse est trop faite, vous savez?... A la

pourriture des plaisanteries, on aurait cru lire des chroniqueurs! Le comique sur lequel les trois auteurs, MM. Grangé et Koning, absorbés par le formicaléo Thiéry, avaient compté, était le rôle, joué avec assez d'entrain niais par Lacombe, d'un Dumanet de régiment qu'on jette avec tous ses pataquès dans le demi-monde, après l'avoir fagoté en magnifique cocodès.

Quelques sifflets ont fait l'honneur à cette odieuse farce de la reconduire jusqu'à la porte, à laquelle on eût dû la mettre. Ça a été trop de politesse. Il faut respecter son sifflet et le tenir bien propre pour l'occasion. Il y a des choses dans lesquelles on ne le met pas.

La salle était pleine de ce qu'on jouait. A l'avant-scène roussinait mademoiselle Cora Pearl, cette face macabre, très inférieure, selon moi, à la *Mort* d'Albert Durer; mademoiselle Cora Pearl, cette charade anglaise, ce problème posé aux populations! Les partisans des majorités qui croient, dur comme fer, que le nombre des votants peut prouver quelque chose, disaient, en donnant de la tête comme des chevaux qui encensent, qu'il fallait bien, après tout, que cette célèbre demoiselle, avec son succès et sa publicité, eût une valeur, un talent quelconque, une manière de s'y prendre, un mérite, si souterrain qu'il fût... Et les femmes, qui entendaient cela rêvaient!

Les sages...

Étaient-ce les sages?

Les sages à ces mots, pour sonder ce mystère,
Penchant leurs fronts pensifs et regardant la terre,
Cherchaient une réponse et ne la trouvaient pas.

LES SCEPTIQUES

UNE VIOLETTE POUR DEUX — PARIS TOHU-BOHU
LE FRÈRE AINÉ (1)

———

29 décembre 1861.

I

Comme la force qui met longtemps à croître, le
bonheur qui vient tard est plus grand... M. Félicien Mallefille goûte pour l'heure un de ces grands
bonheurs tardifs. Laissé, selon nous, trop à l'écart
dans un temps où le théâtre, qui croule de toutes
parts, n'a pour se soutenir que des cariatides en
carton-pierre comme MM. Sardou et Dumas fils,
M. Félicien Mallefille a enfin trouvé le dédommage-
ment d'un succès qui n'est pas seulement un
mérite, mais qui est aussi un bonheur. Quelle que

1. *Nain jaune.*

8.

soit la valeur de son drame, célèbre déjà, des *Sceptiques*, ce drame, il faut en convenir, s'est enchâssé dans des circonstances qui l'ont monté comme un diamant, et qui l'ont fait valoir je ne dis pas plus qu'il ne vaut, mais autant qu'il vaut... Tout Paris sait maintenant cette histoire scandaleuse.

M. Mallefille, qui n'est pas, certes ! une de ces obscurités avec lesquelles les esprits sans générosité peuvent tout se permettre, M. Mallefille, une des plus mâles moustaches de la Vieille Garde du Romantisme, l'auteur robuste des *Sept Infants de Lara* et des *Mères repenties*, a été dernièrement traité par les juges Bridoie du Théâtre-Français, qui ne se mêlent pas que d'être des imbécilles, mais qui sont encore, dans leurs bons jours, des insolents, comme un petit garçon auquel on relève la jaquette et qu'on veut corriger... vous savez bien où. Mais M. Félicien Mallefille, qui ne porte pas de jaquette et qui se sent un homme, n'a pas voulu passer par la correction des fouetteurs du Théâtre-Français, et il leur a tourné... ce qu'ils voulaient corriger, avec le mépris qui convenait, trouvant spirituel — et cela l'était — d'aller porter sa pièce refusée et insultée à l'un des plus petits et des plus humbles théâtres de Paris, qui l'a prise avec l'intelligence d'un petit digne peut-être d'être grand un jour !

Ceci, vous le comprenez, était bien fait pour en-

lever du coup toutes les sympathies, et M. Mallefille
les a eues toutes, même avant d'être joué, et le
petit théâtre en question aussi ! C'était, des deux
côtés, une chose intéressante qu'un homme de talent auquel des sots fermaient une porte parce
qu'ils la faisaient trop basse pour qu'il pût passer
par-dessous, et que ce petit théâtre qui se croyait
et allait montrer plus de vie qu'il n'en tient présentement dans cette grande vieille carcasse du
Théâtre-Français. C'était là un *magnificat* agréable
à chanter ! *Deposuit potentes de sede et exaltavit hu-*
miles. Les puissants ont été déposés... un peu plus
qu'ils ne l'étaient déjà, dans leur propre crotte, et
les humbles exaltés dans cette rareté de la justice !
Eh bien, pour cela seul, quand il n'y aurait que
cela, bravo !

Telle est la première circonstance qui a mis
malgré son mérite, car il faut, avant le mot *mérite*,
quand on l'écrit, écrire toujours le mot *malgré ;* telle
est la première circonstance qui a mis le drame de
M. Mallefille en lumière. Mais il y en a eu une
seconde, et cette seconde circonstance, qui a été le
velours noir de l'écrin sur lequel on place le diamant pour le faire mieux briller, a été la bêtise générale du Théâtre contemporain.

Ah ! quel beau velours noir, à quatre-vingt-
dix francs le mètre, que cette profonde bêtise du
Théâtre, et comme tout ce qui n'est pas radicale-

ment stupide doit, sur un fond pareil, ressortir lumineux. Figurez-vous, par exemple, qu'on ait été obligé d'assister comme nous, cette semaine, à des spectacles aussi hébétants qu'une *Violette pour deux*, par M. Siraudin, ce bonboniste de lettres, ou *Paris tohu-bohu*, par ce même M. Siraudin, qui fait sirop, coule et colle partout, et M. Clairville, et M. Blum, qui n'est pas *Boum !* pour le retentissement, et qui pourrait s'appeler *Frime*, et dites-nous si, même en sortant de là, une pièce qui se tient debout, qui a un peu de sens et qui parle français, n'apparaît pas comme un chef-d'œuvre ! Or, le drame de M. Félicien Mallefille est tout cela et mieux que tout cela...

II

Et d'abord c'est une pièce. C'est ce quelque chose qu'on appelle « une pièce », ce quelque chose de toujours recommencé, depuis que le théâtre existe, et qu'il faut varier, si on peut, en se servant des mêmes éléments et des mêmes situations. C'est une pièce, — et il est évident que la main qui a écrit cette pièce, qui noue et qui dénoue ces quelques éternels bouts de ficelle qui sont d'ailleurs tout le théâtre depuis Shakespeare jusqu'à Guignol, est une main experte et faite à ce jeu difficile. Ensuite, cette pièce est une idée, — une idée, quand il y en a si peu au théâtre, et une idée de moraliste et d'observateur. Les *Sceptiques!* à la bonne heure, cela! Voilà sans doute un bon sujet de drame ; car M. Mallefille, qui a l'esprit mordant, qui ne l'a pas comique, appelle simplement et franchement sa pièce de théâtre un drame, contrairement à MM. Dumas et Sardou, qui appellent, eux, leurs mélodrames, des comédies.

Oui ! c'est un sujet vivant et très actuel que les Sceptiques, car le scepticisme, qui a commencé avec Obermann et René, est le vice de ce temps, de ce temps pauvre même par ses vices. Il en est, en effet, qui demandent une certaine étoffe humaine, et une quantité déterminée d'énergie ; mais le scepticisme, c'est la lâcheté de l'esprit, tombée dans les âmes ! Certes ! montrer le scepticisme, cette pusillanimité de l'esprit et du cœur, aux prises avec les difficultés et les cruelles affirmations de la vie, était digne d'un talent qui sent sa force et sa fierté ; mais, pour cela, il fallait, dans l'exécution, rester au niveau de la conception de sa pièce.

On avait vu l'éclair, il fallait en faire de la foudre ! Il fallait que le scepticisme, qui nous pourrit tous plus ou moins, non-seulement s'agitât dans la pièce, mais planât sur toute la pièce, comme il plane sur le XIXe siècle tout entier ! A ces conditions peut-être, au lieu d'une œuvre de talent, aurions-nous eu une œuvre de génie ; mais la conception de la pièce de M. Mallefille, il ne l'a pas maintenue à sa hauteur première... Quoiqu'il y ait beaucoup de nobles et de noblesse dans son drame, et qu'il ne les haïsse pas, ce démocrate ! il a fini par faire sa conception bourgeoise. On dirait qu'elle tient toute dans ces vers si connus de Molière :

> Juste retour, monsieur, des choses d'ici-bas.
> Vous ne m'avez pas crue et l'on ne vous croit pas.

Oui ! des gens d'esprit qui ne se croient pas entre eux et qui se punissent par là de leur incrédulité les uns les autres, au lieu de ces grands Ramollis de cœur et d'esprit dont le monde est plein, et à qui j'aurais voulu qu'une main énergique eût fendu le ventre, comme à des Japonais, pour nous montrer l'inanité de leurs entrailles mortes, voilà donc ce que j'ai trouvé, à mon grand déchet, dans le drame de M. Mallefille, dont le titre m'avait emporté ! Ces gens d'esprit et de mauvaise habitude qui ne se croient pas quand par hasard ils disent la vérité, et, à part la catastrophe finale qui est tragique, — et même trop tragique ! — le *défaut* social à la place du *mal* social. Cela m'a étonné de M. Félicien Mallefille, qui ne taille pas d'ordinaire sa plume si fin que cela, — qui ne *s'appointit* point en comédie, et dont la pensée doit être amoureuse de la force. Seulement, cela dit et *reproché*, je conviendrai, tant qu'on voudra, que cette pièce, où j'aurais voulu des caractères et qui n'a que des situations, les a piquantes et parfois pathétiques. Je n'entrerai point dans le détail de ces situations, qu'il faut voir amenées dans le mouvement de l'action scénique, et dont l'analyse ne saurait donner une idée. Quand une pièce est vivante, l'analyse tombe morte ! On ne dissèque que les cadavres ou les êtres qui n'ont pas vécu, pour montrer où se trouvait en eux l'impossibilité de vivre, et la pièce de M. Mallefille est si vivante que tout Paris ira la voir au petit théâtre de Cluny. *Deposuit potentes de sede, dominus Mallefille, et exaltavit humiles !*

III

Elle a surtout, cette pièce, une chose que, pour mon compte particulier, j'estime plus que toutes les situations des drames, qui ne sont jamais que le gant de l'escamoteur retourné : c'est la vivacité et la propriété de dialogue, qui devient de plus en plus rare dans les pièces modernes. M. Félicien

Mallefille n'est point un de ces esprits à la Beaumarchais, étincelants, brillants, sveltes et légers, qui emportent tout sur les doubles ailes de leur dialogue et vous y balancent comme sur le plus éblouissant et le plus voluptueux des trapèzes ; mais il a la réplique toujours prête, nette, incisive, d'une rapidité passionnée. Il a le *coup pour coup*. Il renvoie non pas le volant, mais la pierre qui fait brèche au front, — et ce n'est pas là encore tout le mérite de l'auteur des *Sceptiques*. Dans la tirade, il est écrivain. Son drame d'aujourd'hui, dans lequel je sens le labeur de la conscience et où je vois peut-être trop les sourcils froncés de l'effort, est écrit dans une langue qui se tient debout comme la pièce... une langue chauffée comme on chauffe les pierres, au feu d'une passion immortelle, qui n'a pas cessé de brûler en cette poitrine romantique, et qui a du poil comme la palatine de Vautrin !

Oh ! une langue, par ce temps de jargons ! Il faut saluer... Seulement, que M. Félicien Mallefille me permette de le lui dire, est-ce pour faire des politesses aux dieux tombés que ce trop généreux romantique a ramassé, pour les mêler à son style à lui, un tas de vieux oripeaux classiques, qui traînent partout ou plutôt qui n'y traînent même plus ? J'en ai beaucoup compté et je n'aurai pas la cruauté d'en dire le nombre. En revoyant sa pièce, que

M. Mallefille enlève, je l'en conjure, ces vieilleries-là, incroyables sous sa plume ! Quoi ! le romantique de 1835 nous parle, en 1867, du *Palladium des familles !...* Est-ce qu'il en a une ? Il faut être marié pour écrire comme cela. M. Mallefille nous parle encore de la fameuse bague de Polycrate, tyran de Samos, avalée et revenue dans un poisson mort dont il dîne. Je ne l'ai pas avalée, cette bague, et je suis un barbeau (Barbey) très vivant, mais je la rapporte tout de même à M. Mallefille, pour qu'il ne la jette plus dans sa pièce.

Et ce sera toujours du bonheur, cela, un bonheur de plus ; car ce sera un ridicule de moins.

IV

Le drame des *Sceptiques* est joué à étonner. Le petit théâtre de Cluny est *né* de M. Mallefille et lui doit, en fait de cierges, toute une rampe. Les femmes, — il y en a trois, qui ne sont pas jolies et ne peuvent produire d'illusion, et qui jouent, ma foi ! aussi bien qu'au Théâtre-Français. Elles m'ont confirmé une fois de plus dans la pensée qu'il y a une actrice dans toute femme, et qu'il n'y a qu'à tourner un petit ressort qu'elles ont toutes quelque

part pour l'en faire sortir, triomphalement sortir!
Je les nommerai toutes les trois, ces actrices à surprise, car elles le méritent toutes les trois. Ce sont
mesdames Raucourt, de Sienne et E. Petit. Seulement, madame Petit (rôle de Sidonie, la femme du
banquier Landurel) met, je l'en avertis, beaucoup
trop d'impertinence dans son jeu quand elle découvre que son amant, le comte de Tresignan, lui
est infidèle et veut épouser la jeune Blanche d'Apre-
mont. L'impertinence est certainement une bien
bonne chose dans la vie, et ce n'est pas moi qui en
dirai jamais du mal, mais il ne faut pas en abuser.
Quand une femme, qui vit depuis longtemps dans
une liaison coupable et cachée, perd tout à coup
son amant, elle n'est pas impertinente avec lui,
mais furieuse. Elle ne détaille pas avec tant de
lenteur chaque coup d'épingle qu'elle lui donne,
mais elle en enfonce tout un paquet si elle peut,
et là où elle peut!

Le grand rôle d'homme, — qui aurait dû être le
Sceptique, comme Alceste est le Misanthrope, —
le duc de Villepreneuse, était tenu par Laferrière,
irréprochable de mise et d'élégance au premier
acte, mais beaucoup moins bien, en redingote, au
dernier, et qui, dans ce nouveau rôle, n'a rien
ajouté, comme acteur, à ses qualités et à ses défauts
ordinaires. La passion vraie, qui a ses variétés de
pantomime, et qui doit les avoir puisqu'elle est la

passion, ne se traduit point uniquement par l'éternel tremblement de la main, qui rappelle la cuisse du chien sorti de l'eau et qui la secoue pour se sécher. M. Laferrière a la voix habituellement agréable, mais le soir que nous l'avons vu il barbouillait légèrement. Est-ce que cet homme, toujours plus jeune, reculerait jusqu'à l'enfance, et tomberait-il dans la bouillie! Il faut prendre garde à cela, se faire une raison, et s'arrêter dans ce rajeunissement continu et dangereux... Quant au grand succès de la soirée, qui fut un double succès, il a été tout entier pour M. Larochelle, le directeur du théâtre de Cluny, lequel a joué le rôle d'un artiste (Pierre Froment), l'honnête homme solide, décidé et armé de la pièce, avec un entrain, une netteté et une fermeté de diction et de jeu qui lui font le plus grand honneur. M. Larochelle a la physionomie la plus sympathique et la plus intelligente, et je conçois, rien qu'à le voir, que les pièces bien faites viennent à lui.

V

Et maintenant que j'ai rendu compte des *Sceptiques* de M. Mallefille, je ne tomberai point de cette élévation dans les petites bassesses dramatiques de la semaine. J'ai dit déjà un mot au commencement de cet article sur ces siraudinades, *Une Violette pour Deux* et *Paris tohu-bohu*. Vous me permettrez de ne point y revenir. Un mot suffit. Deux seraient trop. Le meilleur mépris est le plus sobre. Seulement, puisque les vaudevillistes s'en vont avec le vaudeville, puisque cette chose si française, si facile autrefois à l'esprit français, comme de boire du champagne, n'est malheureusement plus, et que le théâtre qui portait ce nom de Vaudeville peut maintenant retourner son enseigne, laissez-moi vous parler d'une chosette qu'on y a jouée l'autre jour. Non seulement ce n'est pas un vaudeville, mais ce n'est pas même une pièce, et cela s'appelle le *Frère aîné*, et cela pourrait s'appeler tout aussi bien le *Frère cadet*, ou la *Belle-Sœur*; mais ce que cela est, c'est charmant !

Non ! ce n'est pas une pièce, diront les pédants, mais laissez-les dire et allez-y toujours ! Cela manque d'action, d'intrigue, de mouvement, cela manque de tout, — mais si cela n'a besoin de rien, cette chose faite avec rien? Faite avec rien ! Mais avec quoi est faite l'étincelle? Avec quoi est faite la molécule odorante de la rose?... Ce rien est joli et poignant; voilà ce qui n'est pas ordinaire. D'ordinaire, le joli fait sourire : — c'est du joli qui fait pleurer !

Et quel joli phénomène de collaboration aussi!
Ils se sont mis à deux âmes d'artistes pour créer
cette exquisité, ce rien qui pendant dix minutes
vous pèse comme tout sur le cœur. Deux pour
produire une chose si simple... Mais pour produire
le son de l'harmonica, ce cri mélodieux et étrange
du cristal qui pleure, et prend les nerfs, et s'il
durait pourrait faire mourir, ils sont deux aussi,
deux collaborateurs : — un verre et une goutte
d'eau!

Un soir, j'ai entendu chanter... — était-ce le
verre tout seul ou la goutte d'eau de l'harmonica
d'aujourd'hui? — et jamais je ne compris mieux
qu'âmes de poète et de musicien pussent se pénétrer et se transfondre. Ce jour-là, M. Lépine, car
c'était lui, se transfondait en de Musset, l'âme ora-
geuse, et jetait l'infini des plus beaux sons sur
l'infini des plus beaux vers. Aujourd'hui, sous une
autre forme, il se transfond avec un autre poète,
le poète des *Amoureuses*, et son mérite est de n'avoir
pas troublé cette originalité charmante, qui a ses
nuances à elle, par une nuance de plus!

Un jour, nous vous les montrerons ici, ces
nuances du talent de M. Alphonse Daudet, bien
trop délicates, selon moi, pour le fumier d'un
théâtre, sur lequel des perles si fines ont toujours
tort de tomber... Et la preuve, du reste, vient d'en
être donnée par la manière épaisse, et empâtée de

mélodrame, avec laquelle cette pièce du *Frère aîné*
est jouée par les acteurs du Vaudeville dépaysés...
Comme ils escarbouillent ces quelques gouttes
d'eau qui sont des larmes! Lequel des deux, Deles-
sart ou mademoiselle Cellier, les essuie avec le
mouchoir le plus gros?...

Pour mademoiselle Cellier, en particulier, je
voudrais savoir d'où part la voix qu'elle fait entendre?... Choron disait qu'on pouvait chanter
avec ses genoux. Avec lequel de ses organes mademoiselle Cellier parle-t-elle? dans cette pièce où
la voix de mademoiselle Mars ne serait pas de
trop, — ce cristal dans du velours!

LES TREIZE — LA REVUE DE 1867 (1)

3 janvier 1868.

I

Je demande la gendarmerie!

Vous rappelez-vous cette belle anecdote dans Chamfort?... Il assistait à une signature de contrat de mariage. L'épousée était une superbe jeune fille, toute éclatante de jeunesse et de beauté pure, et le mari, un sale, laid et riche vieillard. C'était hideux qu'un tel contraste. Chamfort ne put y tenir : « A la garde! — s'écria-t-il. — Qu'on aille chercher le commissaire! On va faire ici un mauvais coup. »

Et moi aussi, je crie : A la garde! Non pour empêcher le mauvais coup (car il a été fait; ils l'ont

1. *Nain jaune.*

fait hier soir au théâtre de la Gaîté, — et tristement encore!), mais pour qu'ailleurs on ne s'avise pas de le recommencer. Des spéculateurs dramatiques dont je consens à ne pas écrire ici les noms, — la question que je veux poser aujourd'hui étant assez haute pour que, de sa hauteur, je ne les aperçoive même plus, — des spéculateurs dramatiques manquant absolument de tout, excepté de l'envie féroce *de faire de l'argent*, se sont avisés, pour cela, de fourrer leur main jusqu'à l'épaule dans la grande *Comédie humaine* de Balzac, comme ils l'eussent fourrée dans sa poche. Tout spéculateurs qu'ils soient, ces messieurs, ils n'auraient, certes! pas voulu mettre leur main dans la poche de Balzac. Mais ils l'ont parfaitement bien mise dans son œuvre. Ils ont cru que c'était bien différent! Cette sacrée faim de l'argent dont tout le monde crève, le Communisme intellectuel qui commence... en attendant l'autre, l'indifférente lâcheté universelle qui souffre tout et *blaguotte* sur tout sans y tenir plus que ça, ont persuadé aux *pick...* non pas *pockets*, mais *works* de M. de Balzac, qu'ils pouvaient, sans danger et sans grands cris, faire leur coup de main, — leur coup de main qu'ils ont cru peut-être innocent dans leur niaise candeur d'esprit faux! Les lundistes sont de bons enfants, très blasés, qui en ont vu et qui en verront bien d'autres... Et d'ailleurs, dans la moralité de ces *pick-*

works pleins de probité, ce n'est plus prendre que d'avouer bravement qu'on a pris... Ma foi, oui! c'est la vérité, cette scène, cette beauté dramatique, cette idée, cette page, appartiennent à Balzac et à sa *Comédie humaine;* mais je suis un honnête garçon, je mettrai pompeusement le nom de Balzac sur l'affiche, le nom de Balzac, bien content d'être à côté du mien! Ma foi, oui! ce rubis, ce diamant, ce saphir, appartiennent au célèbre caleçon de M. le duc de Brunswick, ce prince joaillier non pas en chambre, mais en culotte, et je les porte à ma cravate quoiqu'ils ne m'appartiennent pas; mais je dis partout hautement, et pour que personne n'en ignore, que ce rubis, ce diamant, ce saphir qui m'ornent, appartiennent aux *inexpressibles* mystérieux et intimes du duc, et un tel aveu raccommode la chose, et de cela seul qu'il est fait, c'est comme si le rubis, le diamant, le saphir, étaient recousus au caleçon!

Ainsi, c'est entendu. Avec cette formule : « *tiré des œuvres de Balzac; tiré du caleçon du duc de Brunswick,* » on peut prendre impunément le sujet de son drame dans un ou dans plusieurs romans de la *Comédie humaine,* et des bijoux pour s'en faire des épinglettes dans la culotte-écrin du Duc.

Tout cela, selon l'opinion, qui va se faire, de la plus complète régularité!

9.

II

Maisnous, la laisserons-nous faire, cette opinion? Cette moralité dramatique... et drolatique, doit-elle devenir la moralité universelle? Et ceux-là qui, comme nous, n'ont pas donné leur démission de la littérature, des mœurs littéraires, de la dignité des œuvres et de ce que j'appellerai le *droit du génie*, doivent ils rester tranquilles en voyant cela?... Quoi! la spéculation viendra, en paix, toucher à l'œuvre des maîtres? Quoi! la plus basse spéculation viendra coucher ses immondes cupidités dans ce glorieux lit de grandes œuvres, qui est le pavois immortel du génie, et elle aura la liberté de s'y vautrer? Mais ce n'est pas là qu'une question de propriété littéraire : c'est la question même du *sacrilège* en littérature! Vous ne prenez point, il est vrai, furtivement ce que vous prenez. Vous n'avez pas la lâche, mais parfois spirituelle fourberie du larcin. Mais vous pratiquez la profanation de la bêtise... Balzac touché et arrangé par vous est bien pis que volé : il est violé! — et le viol rend toujours stupide. Vous avez hébété Balzac!

C'était difficile. Mais vous y êtes parvenus!

Et en effet, pendant tout le temps qu'elle a duré, l'indignante représentation de ce drame des *Treize*, qui donc aurait pu reconnaître le profond et immense romancier, dont les colossales inventions ont saisi avec tant d'ascendant l'imagination contemporaine ?... C'était là une parodie affreuse de son Œuvre, et d'autant plus affreuse qu'elle était sérieuse, cette parodie ! Les deux auteurs de cela se croyaient vraiment de force à tailler dans ces blocs d'événements et d'idées dont Balzac jouait comme d'un bilboquet à sa main. Un seul, le plus faible, le moins compliqué de ces drames vivants et intenses cachés dans une des plus petites cannelures de ce monument de la *Comédie humaine*, était plus qu'il n'en fallait mille fois pour écraser, comme de jeunes crapauds sous un roc, tous les marmousets dramatiques qui se seraient permis d'y toucher ! Mais voilà que ce n'est pas seulement un roman de Balzac, mais deux, que les cuisiniers de ce sinistre restaurant de la Gaîté ont pris et cassés l'un dans l'autre, comme deux œufs, pour faire une omelette ! Ils ont pris l'histoire de *Ferragus*, cette paternité terrible dont la paternité du *Père Goriot* est l'envers, et cette merveilleuse histoire de *Madame de Langeais*, que Balzac avait d'abord publiée sous le titre : *Un amour à Saint-Thomas d'Aquin*, et ils ont mêlé ces deux chefs-d'œuvre dans l'infâme baquet à colle de leur drame ! Et ce n'a pas encore été tout. Ils y ont jeté aussi, les uns après les autres, tous les personnages de Balzac, même ceux-là qui ne paraissent point dans les deux romans dont ils ont fait des abattis ! Et non contents de cela encore, ils ont coupé avec leur hachette des tranches du style de Balzac, et ils les ont plaquées dans la sauce du leur, pour nous la faire mieux avaler. Nous avons essayé. Nous nous sommes mesurés avec les difficultés de cette pâtée. Mais comme il n'y avait pas, comme chez les Romains, de *vomitorium* dans la salle, nous avons renoncé à cette déglutition impossible, et dompté, comme nous avons pu, nos haut-le-cœur !

III

Telles ont été, en toute vérité, et mon impression et la pièce, tirée de M. de Balzac par deux messieurs qui n'ont rien de Balzac, et qui ont pris sous leur bonnet le droit d'entrer dans l'œuvre de Balzac, comme dans un bois, pour y hacher, pour y tailler à leur convenance, y faire des fagots et en dire ! Ces messieurs Sans-Gêne, sans aucune espèce de talent, étaient par là au niveau même du vandalisme intéressé de leur procédé. Mais supposez qu'ils eussent réellement du talent au lieu d'être de simples faiseurs, nous n'aurions pas accepté davantage leur exploitation de l'œuvre d'autrui, et nous les prierions de nous montrer la charte constitutive de leur droit... On n'a pas le droit de violer un tombeau, et on aurait le droit de violer une œuvre de génie? On n'a pas le droit de lever la pierre d'un sépulcre et de prendre les os d'un mort pour en faire... par exemple, des castagnettes, et on aurait le droit de disjoindre et de briser l'ossature de cette magnifique chose organisée, la *Comédie humaine*, et d'en faire les charnières d'un drame, bâti pour les Titis! Et quand je hausserais d'un cran la spéculation, et que je mettrais à la place de celle de l'argent celle du succès, cela en vaudrait-il mieux?...

On parle depuis longtemps de propriété littéraire et d'une législation qui la régisse mieux que l'imparfaite que nous avons; eh bien, je dis que des galvaudages d'œuvre, qu'un homme ne souffrirait pas de son vivant, ne doivent pas être tolérés après sa mort, même venant de son héritier! Je dis qu'il est honteux pour un pays intelligent de ne pas respecter les œuvres intellectuelles qui sont sa gloire, et de souffrir qu'on les livre, pieds et poings liés, au premier venu! Présentement, l'héritier de M. de Balzac sur ses œuvres c'est, je pense, madame de

Balzac. Eh bien, je demande si madame de Balzac a autorisé les *massacres* pratiqués par le théâtre de la Gaîté sur les œuvres de son mari ; si elle touche les profits de ces *massacres* ; et si elle s'est associée aux Iconoclastes qui ont fait leurs malpropretés dans une œuvre de génie, comme des sacrilèges les feraient dans un calice ? Et si madame de **Bal**zac a autorisé cette vautrerie, si elle partage ce que cela rapporte, je suis attristé que son droit, si c'est le sien, ait pu aller jusque-là, et j'en baisse les yeux pour elle...

Du reste, les acteurs qui jouent cette profanation au théâtre de la Gaîté sont, à peu d'exceptions près, dignes des auteurs qui l'ont accomplie... Figurez-vous M. Dumaine dans le rôle de Ferragus, le chef des Dévorants, ce dévoré par l'idée qu'il a été forçat, ce mendiant pâle, émacié, tragique, ne vivant plus que par l'énergie infernale de sa volonté ; figurez-vous Ferragus, l'homme aux entailles et aux moxas dans le dos, pour effacer les lettres de la marque éternelle, joué par cet entripaillé de M. Dumaine, dont le ventre prend chaque jour des proportions plus formidables et se prélasse avec plus de turgescente majesté ! M. Dumaine n'a pas, certes ! assez de talent pour faire oublier la contradiction de son physique avec les rôles qu'il joue. Garrick et Talma n'auraient pas pu cela ! ni personne ! M. Dumaine est, de physique, pour l'heure,

un magnifique cocher qui pourrait bien, en s'as-
seyant sans précaution sur son siège, le faire voler
en éclats, et il joue comme il est fait. Il joue *gros*,
enflé, pléthorique, déclamatoire. Il a de la citrouille
et du potiron dans la voix comme il en a dans le
ventre, et c'est ce colosse qui a voulu se couler et
tenir dans la peau brûlée, sulfurée, desséchée au
feu de la passion et des souffrances, du terrible et
effrayant Ferragus ! C'est lui qui fait cet homme
vieilli, ce *vieux* d'Ida Gruget ! N'est-ce pas bouffon
d'aveuglement ? Et faut-il que le changement de
costumes, cette séduction pour les acteurs et les
actrices ! l'ait tenté, ce directeur qui a le droit de
prendre les rôles qui lui conviennent à son théâtre?... Lacressonnière joue, lui, le général de Montriveau, le bel et léonin Armand, avec un cou tors
et une voix de polichinelle. Ce serait bien plutôt le
général Torticolis ! Les autres, qui n'ont point de
nom, mais qui ont malheureusement des figures,
sont les plus pleutres et les plus navrants Rastignac,
Ronquerolles, Rubempré, de Marsay, ces lions à
tout crin, ces sublimes *gants jaunes !* Il faut les
voir ! Il y a entre autres, si je ne me trompe pas,
dans cette cohue de domestiques habillés en maîtres, un de Marsay, en bottes à revers, — ah ! quels
revers !... On le chasserait, s'il se présentait pour
être groom. Quant aux femmes, elles sont aussi
mauvaises que les hommes, aussi fausses de ton,

aussi grotesques de tournure, excepté pourtant madame Lia Félix, dans la duchesse de Langeais. Ce n'est pas la duchesse de Langeais, non ! il ne faut pas qu'elle le croie; mais enfin elle se détache vivement sur le fond commun des femmes qui l'entourent. Elle a de la distinction physique. Elle porte bien cette robe, sans crinoline, de la Restauration, à la taille courte, au nœud dans le dos, cette robe hardie dans sa simplicité, qui montre comment une femme est faite et n'étoffe pas ses indigences. Elle a même un moment où elle a beaucoup de grâce, et de cette grâce, mère du désir, et qui tisonne dans les sens émoustillés : c'est quand elle est assise sur le tabouret du piano, dans sa robe collante de satin blanc, qui fait fourreau, et qu'elle se retourne, en agaçant les touches avec une coquetterie si languissamment impertinente, vers ce béta de Montriveau ! Malheureusement, tout n'est pas dans le jeu de madame Lia de ce *réussi!* Ah! j'oubliais... Quand on l'apporte endormie, à bras d'homme, dans la chambre de Montriveau, elle a encore un pied chaussé de satin blanc si bien, qu'à lui seul il est plus éloquent qu'une voix ! Et le diable sait ce qu'il nous dit, ce pied-là, malgré sa couleur d'innocence.

Elle donc, madame Lia Félix, porte mieux sur ses élégantes et sveltes épaules que M. Dumaine, avec tout son dos, le poids de cette lourde et accablante pièce des *Treize*... Le public, malgré les ronflements de voix de ces acteurs, qui triomphent par le faux et le déclamatoire en ces théâtres du boulevard, le public s'est montré froid à ce Ferragus rocambolisé. La claque a fait son service devant les titis indifférents. A l'orchestre, des blasés bienveillants disaient, en se détirant aux entr'actes : « C'est idiot, mais cela ne l'est pas plus qu'autre chose. » Voilà ce que j'ai entendu de plus favorable à la pièce dont on est venu nommer les auteurs, et dont le nom s'est englouti dans le grand nom de Balzac.

Ils ont beaucoup de littérature à la Gaîté... Quand ils ont proclamé les noms des auteurs et qu'ils sont arrivés au « tiré des œuvres de M. *Henri* de Balzac », on s'est mis à rire de cet *Henri*, et l'on s'est dit que c'est probablement un parent d'*Honoré* de Marsay...

IV

La *Revue* de la Porte-Saint-Martin nous a un peu vengé du *Tohu-bohu* des Variétés. En principe, nous sommes l'ennemi des Revues. Ce n'est qu'un spectacle pour les yeux, du matérialisme toujours plus ou moins stupide. Dans l'ordre dramatique, rien de plus bête. si ce n'est, dans l'ordre du journalisme, les chroniqueurs. Les chroniqueurs ne parent leur pauvreté d'esprit qu'en braconnant dans les mots des autres. Les Revues sont plus heureuses. Elles ont à leur service tous les genres de matérialités... M. Marc Fournier, qui aurait assez d'intelligence pour prendre une initiative courageuse, mais qui ne la prend point, et sert des Revues au public, cherche du moins, par le détail, la recherche, la surprise, un soin extrême, à sauver l'horrible genre qu'il devrait repousser. C'est ainsi, par exemple, que sa Revue de cette année se distingue par la mise en scène, les toiles peintes, tout un ensemble saisissant. Au milieu de ce déroulement d'exhibitions qui n'ont rien à faire avec la Critique, il faut signaler trois ballets : le ballet des francs-tireurs, celui des patineurs et le ballet des jockeys. Le ballet des francs-tireurs a enlevé la salle par ce qui enlèvera toujours toutes les salles en France, la précision du mouvement et le rhythme militaire. Je n'aurais qu'à louer ce ballet, si les costumes, qu'on a eu la timidité de faire fidèles, étaient éclatants. Ces blouses grises sont d'un terne abominable et d'un commun !... Les tireurs des Vosges ont voulu faire de la simplicité et de l'économie dans leurs costumes. Mais ces vertus-là sont déplacées dans un ballet. Le ballet des patineurs est tout simplement charmant. Il est original, hardi et même dangereux. Il y a là des glissades qui font trembler, un *brio* transissant d'imprudences. On s'élance, on se heurte, on se cogne, on se bat, on se relève et l'on glisse jusqu'au bord, l'extrême bord de la rampe, et l'on s'y arrête figé sur son patin. C'est gai d'une petite joie qui fait peur... Il y avait, parmi les autres, une petite danseuse en jupe *bouton d'or*, qui se fait audacieusement emporter par deux patineurs comme sur deux flèches, au bout du lac, et cette jupe bouton d'or avait des manières de bouffer, de trébucher, de se soulever et de s'en aller sur ses patins en se tordant et en tricotant des hanches, — des hanches qui sont rondelettes, des hanches à la hollandaise, — et je l'ai toujours dans les yeux, ce bouton d'or! Enfin, le ballet des postillons et des jockeys, par lequel se termine la pièce, est très original aussi par le costume et par le mouvement; mais je n'aime pas les deux chevaux qui s'y mêlent, — encore une fidélité malheureuse à la réalité! Ces deux chevaux troublent l'harmonie de ce ballet et y font tache, de leur présence du moins. Si on avait tenu à cette idée de chevaux, il fallait en mettre beaucoup, mais puisque ces deux malheureux solitaires ne dansaient pas, ils étaient de trop...

Les honneurs de la soirée ont été pour Thérésa

et Darcier, mais surtout pour Thérésa. Darcier a
encore du velours de soie dans la voix, mais ce
velours fatigué se râpe... et puis il a chanté une
chanson lamentable, dont le refrain : *Je bois à sa
santé!* (de la gaîté), ne donnait pas l'envie d'y boire.
Cet air lamentable, il l'a dit lamentablement, dé-
taillant tout jusqu'à impatienter. Quant à Thérésa, c'est par elle que je veux finir cet article. Il
y a longtemps que je cherchais une occasion de
parler d'elle : la voici !

V

C'était une curiosité et même une anxiété que
de la revoir. Il avait couru sur elle, pendant son
éloignement et son absence, tant de bruits si-
nistres, ridicules et malveillants, haineusement
triomphants, — car c'est de toutes ces amabilités
que se compose cette jolie chose de la célébrité, —
un bouquet d'injures ! On la disait la voix déchirée, enlaidie, — si cela se pouvait (une réserve
de femme du monde !), — finie, tombée dans le
soixante-quatorzième dessous, incapable de chanter sur un théâtre, cette chanteuse de café, et devant y trouver une humiliation et une chute. Et

voilà qu'elle a paru plus vivante que jamais, avec des bras et une poitrine qui ont poussé pour l'aveuglement des yeux ennemis et pour le rayonnement des nôtres! Et la voix?... la voix fraîche comme une branche de lilas dans laquelle le vent du printemps polissonne! Délicieusement costumée, Thérésa représentait la *Muse de la Chanson en goguette*, et la chanson de cette Chanson, elle l'a chantée avec un art, un fini, un moelleux et, peu à peu, une verve qui la sacrait une incomparable chanteuse (je ne dis pas cantatrice, hé?) pour ceux qui n'étaient pas, comme nous, sûrs qu'elle en fût une. Dans la seconde chanson qu'elle chante dans la pièce, on a retrouvé un peu la Thérésa qu'on connaissait, et je ne dis pas cela pour la diminuer, mais, dans cette première chanson, elle a été l'inattendu! Elle a été d'un goût, d'une mesure, d'une rondeur douce, et d'une gaîté mi-partie de piquant et de suavité, très étonnante pour cette *ignoble* Thérésa!

C'est que cette *ignoble* Thérésa, comme disent les bégueulismes jaloux qui lui ont planté cette épithète d'*ignoble*, comme un clou, — qu'ils auraient voulu lui enfoncer dans la tête et dont elle ne s'est servie que pour y suspendre sa couronne ! — c'est que cette ignoble Thérésa est une artiste de nature qui a la faculté de se transformer, de se modifier et de se nuancer selon les milieux par lesquels elle passe. La grande valeur de Thérésa n'est pas de chanter, en enlevant tout, la chanson populaire, et en ne craignant pas de l'accentuer comme le peuple accentue : c'est d'être prête à être très noble et très distinguée quand il le faudra. Voyez le geste de son bras! est-il assez noble dans la première chanson qu'elle chante? Thérésa, qui prononce en chantant comme Rachel prononçait en parlant, parlera, quand il le faudra, comme elle chante. Pour moi, ce n'est pas par ce qu'elle a montré qu'elle m'intéresse, cette artiste que j'entrevois et que je devine, c'est par tout ce qui est en elle et qu'elle n'a pas pu montrer encore, mais qu'elle montrera!

LES TRIBULATIONS D'UN TÉMOIN (1)

Mercredi, *15 janvier 1868.*

I

Pardieu ! il sera bientôt brassé, le compte de cette semaine ! Si cela continue, nous serons obligés de faire nous-mêmes des pièces pour en avoir à critiquer. Aujourd'hui, mercredi ci-inclus, une seule première représentation pour tout potage. Et quel potage ! Le potage d'un dépôt de mendicité.

Ah ! pouah ! quelle soupe économique, — économique d'esprit, de gaîté, d'agrément, d'ingrédients de toute sorte ! Quel maigre et plat bouillon, si vous saviez ! fait avec les vieux os de tous les vaudevilles morts depuis quarante ans ! On ap-

1. *Nain jaune.*

pelle cette nauséabonde ripopée les *Tribulations d'un témoin*. Ah! le témoin tribulé, c'est moi, obligé d'être le témoin de cette ennuyeuse farce, de ce vaudeville châtré de flons-flons, de ce vaudeville sénile, décrépit, enroué, qui n'a pas même eu la force de pousser les *couacs* poétiques d'usage du moindre couplet.

Un vaudeville qui veut être une comédie ! C'est un ancien vaudevilliste, en effet, qui a refait — respectons ses cheveux blancs, s'il en a, — cette *ancienneté*. C'est un vaudevilliste émérite qui eut de l'esprit autrefois, — qui eut l'honneur de collaborer avec Labiche, cet Aristophanet du *Philosophe et l'Auvergnat*, — mais qui n'est plus qu'un invalide, — faisons-le gouverneur de l'Hôtel des Invalides du Vaudevillisme, si vous voulez ! — et qui a eu le triste courage de reprendre, sur la donnée éternelle du poltron engagé dans un duel, toutes les plaisanteries moisies, verdies, barbues et faites mousses, de ce vieux thème qui n'en peut plus ! Ici les poltrons surabondent. Les deux adversaires en sont deux. Mais Moutonnet, le marchand de pince-nez (ingénieuse marchandise !), en est un troisième, et c'est le témoin tribulé, choisi par son poltron d'ami pour arranger l'affaire par la raison qu'il est, lui-même, aussi poltron que son poltron d'ami. Or, s'il ne l'arrange pas, cette malheureuse affaire, malgré tous ses efforts, c'est que le sapeur

Lescarolle (est-ce Lescarolle?), son cotémoin, intervient à chaque tentative et ne le permet pas! Telle est la pièce. Quelle excellente occasion pour l'auteur de vider, dans un sujet pareil, le vieux sac dramatique aux inventions, en matière de duel pour rire!... et les déjeuners à la fourchette! et la police prévenue! et les changements de terrain! et les gendarmes à la piste! et les balles de liège! et les explosions à côté! et les adversaires qui tombent de peur sans avoir tiré l'un sur l'autre!!! Nous avons eu tout cela ce soir, — identiquement comme nous l'aurions eu il y a quarante ans. La seule chose que le vaudevilliste patriarcal, auteur de cette pièce, n'ait pas tirée de l'arche d'où son *copain* Noé tirait ses bêtes, la seule chose du moment actuel dans cette antiquaille, c'est, parmi toutes les peurs connues qui travaillent, comme coliques, tous ces poltrons antédiluviens, la jeune peur de la chronique des journaux et des indiscrétions polissonnes qu'ils se permettent. Il y a quarante ans, en effet, nous n'avions pas cette puissante organisation de l'Indiscrétion parisienne qui a remplacé la littérature. Sans ce détail de nos jolies mœurs modernes, qu'il ne fallait pas toucher d'un doigt si bénin, mais faire un peu saigner sous l'ongle, il n'y aurait pas eu la moindre nouveauté à reprendre, comme une dissonnance dans l'harmonie d'un tout, en cette pièce empaillée, qui a réussi comme une chose vivante et non pas comme un empaillement.

Car elle a réussi ! Sans grand tapage, mais même médiocrement, c'est trop. Ils ont pris cela pour de la vie ! Toutes les mâchoires qui étaient là ont trouvé le moyen de ne pas bâiller et de rire. Ils ont pris cela pour du nouveau ! Ils ont cru que tout cela était inconnu avant cette soirée ! Ils ont trouvé cela gai, et ils ont ri comme ils savent rire, Non pas seulement les gilets en cœur et les *tignasses* rousses, les Hébés et les Hébétés de chez Brébant, comme dirait Sophie Arnould, mais les autres aussi, les autres qui viennent à ces *Bouffes* et qui prennent l'esprit de la salle en y entrant. J'ai vu là des pommelés, au visage fatigué de têtes de chevaux allant vers Montfaucon, qui avaient dû entendre soixante fois ces plaisanteries édentées et ces calembredaines avachies, et qui riaient, — de ce rire toujours retrouvé à la même place, et qui part toujours dans la même note, comme si on poussait un ressort ! Il faut donc, me disais-je, en regardant toutes ces figures, vieilles ou jeunes, sur lesquelles je n'ai pas vu la protestation naïve d'un seul bâillement ; il faut donc que ces gens-là se soient abominablement ennuyés toute la journée pour pouvoir trouver drôle ce qu'on dit là ce soir, et en rire, — non pas bien fort, car ils sont incapables, je le sais bien, de tout ce qui est fort, même dans le rire, — et pour goûter sans dégoût à certaines plaisanteries, qu'on nous donne pour gaies parce qu'elles sont grossières ! Il n'y a que l'ennui, l'aplatissant, le stupéfiant, le mortel ennui qui puisse expliquer que de tels spectacles, vieux comme les ponts, paraissent neufs. Il n'y a que le ratatinement en masse par l'ennui qui puisse sucer trois heures durant ces horribles poires tapées... et desséchées... et trouver qu'elles ont assez de jus comme cela. Ici, le spectacle est dans la salle plus que sur la scène, et je ne m'apitoierai pas sur sa tristesse. Les Publics sont comme les Peuples. Ils méritent toujours ce qu'ils souffrent !

Il n'y a que ce qu'ils sifflent qu'ils ne méritent pas !

II

J'ai dit la pièce. Voici les acteurs.

Madame Moutonnet est jouée par madame je ne sais qui, dont la face lunaire ressemble à je ne sais quoi. Mademoiselle Moïna, qui passe pour une belle fille parce qu'elle crève de santé dans un théâtre où ce n'est pas de cela que l'on crève, a des bras qui ne sont pas ceux de son corsage. Ils manquent de pro-

portion avec ses épaules. Quant à son rôle, elle le
mange bien. C'est un morceau de pain qu'elle
croque à belles dents. Voilà tout! Charles Perey a
l'air aussi bête que ce que l'auteur lui fait dire, et
c'est ce que j'en puis dire de mieux. Quant à Lacombe, le favori de l'endroit, et qui joue le sapeur,
je demande s'il peut être autre chose qu'un troupier?... Rien n'est moins varié qu'un troupier. Lacombe n'est pas beaucoup plus varié que les pantalons rouges de ses rôles. Un pantalon rouge, c'est
bon! Mais trente-six pantalons rouges!... Que messieurs les tailleurs dramatiques taillent pour Lacombe dans un autre drap, et ne traitent pas mesdames les cocottes des *Bouffes* comme si, toutes,
elles avaient commencé par être bonnes d'enfant!
Lacombe a joué son sapeur avec cette physionomie
arrêtée, figée, et ce regard écarquillé qui est son
genre spécial de comique. Comique monotone, —
comme ses rôles, — mais qui n'en fait pas moins
rire, du rire bête de la surprise *qu'on voit venir*. Au
théâtre, la répétition et le tic n'ont jamais manqué
leur effet, et ils sont éternellement la preuve de
l'idiotisme enfantin de tous les publics. Le cheval
qui a choppé à une place choppe à cette place
toutes les fois qu'il y revient. L'homme rit à la
même place, comme le cheval y choppe. Dans
l'ordre intellectuel, c'est le même genre d'infirmité.

Somme toute, même chez Lacombe, très supérieur

aux autres, il y a du bois dans tous ces bonshommes et ces bonnes femmes des Bouffes, sans âme, sans rondeur, sans naturel, sans vive et souple vérité. Il y a du bois... et ils ne sont pas des marionnettes! La veille, on avait — excès de fatuité ou de bienveillance?... — envoyé du théâtre Séraphin des billets pour le *Nain jaune*, qu'on prenait sans doute pour un petit garçon en sa qualité de nain, et, ma foi! je suis descendu dans ce théâtre en entonnoir qui m'a rappelé Quimper-Corentin, pour y faire quelques études de maternité. Je vous donne ma parole d'honneur que j'y ai vu des pièces auss neuves que les *Tribulations d'un témoin*, mais plus délicates, jouées par des acteurs qui, du moins, étaient en vrai bois!

Eh bien, j'aime mieux cela! On n'est pas trompé.

PAUL FORESTIER (1)

Vendredi, 31 janvier 1868.

I

Je vais, je crois bien, me faire aujourd'hui de mauvaises affaires. Je vais me créer de fâcheux embarras. D'ordinaire, je viens avant les autres. Aujourd'hui, c'est après, et je n'ai pas une seule des opinions de ces autres, après lesquels je viens, sur la pièce nouvelle de M. Émile Augier. Tous les critiques du lundi dont je suis habituellement, le samedi, l'humble précurseur, ont je ne dis pas écrit, cette semaine, des feuilletons favorables, passionnés et dévoués, en l'honneur de M. Augier, — ce n'est pas seulement cela! mais ils ont fait pour lui ce que j'appelle la grande Cérémonie du Feuilleton ;

1. *Nain jaune.*

car le Feuilleton a sa grande Cérémonie, comme le Théâtre-Français quand on joue *M. Jourdain* ou le *Malade imaginaire*. Ici, c'est le *Chef-d'œuvre imaginaire* qu'on jouait, et cela vraiment a été beau ! Figurez-vous tous les critiques de la semaine, sans exception d'un seul, défilant les uns après les autres, en portant les pots à feu de l'enthousiasme, comme messieurs les matassins qui portent, eux, d'autres cassolettes ! Quel spectacle, unanime d'exaltation ! Ç'a été tous les succès de M. Augier, *cet enfant chéri de la Victoire* dramatique, totalisés en un seul, le dernier, — qui ne sera pas le dernier ! *Toujours plus de lumière !* disent-ils, *toujours plus de lumière !* Prosternés presque dans leurs feuilletons comme les juifs dans leur synagogue, ils n'y ont pas poussé, de cette fois, les cris ininterrompus d'une admiration saccadée, mais ils s'y sont livrés au doux *ululatus* de l'admiration continue... Et c'est pendant que l'aimable hurlement se prolonge encore que je m'en viens vous parler, dans ce bruit, sans crier, et que je veux vous dire mon impression personnelle sur une œuvre à laquelle on a reconnu les plus rares mérites, avec la plus étonnante facilité !

Car tous, depuis M. Janin, l'antique Calchas de la Critique dramatique, devenu infidèle à M. Victor Hugo pour M. Émile Augier, jusqu'à M. Ulbach, infidèle aussi quelques instants à M. Victor Hugo,

et qui, dans son lyrisme, lui, n'a trouvé rien de
mieux que de faire de Got la voix immortelle de la
Postérité, — et dans quel moment est-il cette
voix? — parce que, pressé de coliques (il en avait,
à ce qu'il paraît, ce jour-là), ce pauvre diable d'acteur a oublié, en annonçant l'auteur de la pièce, de
mettre, comme il le devait, le mot de monsieur devant le nom d'Emile Augier. Oui! tous, depuis
M. Roqueplan, ce dandy blasé par le théâtre et par
la vie, qui retourne avec un élégant dédain, du bout
de sa botte vernie, les pièces dont il a vu le dessus
pour en voir le dessous, jusqu'à M. de Saint-Victor,
cette belle imagination ennuyée, qui, quand il s'agit
d'expression et de style, a le droit d'être difficile,
tous ont chanté, à la louange de M. Augier et de
son drame, un choral inouï et renversant! Et, ma
parole d'honneur! quand on connaît ces âmes de
critiques qui n'ont jamais eu, que je sache, —
aucune d'elles, — le bouillonnement de celle de
Diderot, et que l'expérience du théâtre doit avoir
rendues aussi *cordes* que le velours râpé d'une ban-
quette, on se dit que les relations sont une bien
belle chose... et on se demande, non pas le comment de l'enthousiasme, en de telles âmes, mais le
pourquoi.

II

Il n'y a pas de quoi en avoir, en effet, quand on analyse un peu cette pièce, qu'ils ont tous racontée avec ce détail qui dispense souvent de juger, qui est souvent l'éventail que la honte de louer met sur sa figure, mais qui ne l'a pas été ici où l'éloge vient d'être prodigué sans l'embarras de la moindre petite pudeur. Cette pièce, que M. Roqueplan appelle — comédie ou drame (*qué que ça lui fait ?*) — une page déchirée de la vie moderne, cette pièce a, comme la vie moderne, beaucoup de passion et peu de caractère ; car ce n'est pas un caractère, dans le sens technique et profond que la Critique dramatique donnait autrefois à ce mot, que ce Michel Forestier, qui n'est, en somme, que le père, le père moraliste, connu comme le loup blanc, au théâtre, sans découverte de nouvelle physionomie d'aucune sorte, — le vieillard éternel qui ramène au bien, — et qu'on ne s'est pas gêné pour appeler carrément un vieillard cornélien, — et allez donc !

Michel Forestier est un sculpteur. Pourquoi est-il sculpteur ? Son fils Paul est un peintre. Pourquoi est-il peintre ? En quoi importe-t-il et

se rattache-t-il, qu'ils soient l'un peintre et l'autre
sculpteur, à l'essence ou à l'économie de la pièce,
si ce n'est pour l'occasion d'exécuter quelques
grands couplets de facture sur l'art et de nous
enlever — comme l'eût fait Alfred de Musset en
pareille occurrence — quelques vers d'un effet
grandiose! Malheureusement, l'auteur des *Parié-
taires* n'est pas de Musset... C'est donc un sculpteur qui sculpte, comme son fils peint, pour les
besoins poétiques de la pièce, que ce vieux Forestier, qui s'appelle Michel aussi, pour amener le
rapprochement de Michel-Ange, hé! hé! quoique
cela le dérange (textuel, mon Dieu! oui, comme
cela!). Mais, de vrai, le sculpteur n'est qu'un père
noble, qui efface bientôt dans l'action du drame
toute trace de sculpteur. Dévoué tendrement et
austèrement à son fils Paul, il veut le marier à sa
pupille Camille, dont, par amour pour lui, il n'a
pas épousé la mère. Il croit, ce bonhomme un peu
naïf pour un vieil artiste, que le mariage est ce qui
convient le mieux à un jeune (*va-t'en voir s'ils viennent, Jean!*), et que la terrible tyrannie de l'inspiration peut supporter ce doux joug sans le briser, ou
du moins sans en faire parfois cruellement craquer
les jointures. Les passions de son fils l'inquiètent.
Il voudrait jeter sur elles le seau d'eau du mariage,
qui fait souvent seau d'huile en y tombant! Il sent
l'incendie à travers la cloison, et même il finit par

le voir sortir de la cloison sous la figure de madame
Léa de Cler, — une femme mariée et séparée, —
qui est la maîtresse de son fils, qui a la clef de l'atelier de son fils, et qui, au lieu d'y trouver son fils,
y trouve lui, le père, qui l'y reçoit sur des piques,
— toutes les piques de la paternité, de la morale,
de l'indignation, du mépris et de la pitié! Le choc
est rude, et Léa reste sous les piques, ou plutôt
elle n'y reste pas ; mais ayant promis au vieux
Forestier, qui fait de ces coups de chemin de Damas
dans les ateliers, de rompre avec son fils et de ne
plus être un obstacle à son mariage, voilà qu'elle
s'enfuit! Tout cela peut-être un peu bien vite,
mais il faut que le premier acte ne soit pas trop
long et finisse, car le drame ne commence qu'au
second.

Au second acte, Paul est marié. Au lever du
rideau, il peint sa femme. Scène d'intérieur, commune et jolie, — le dessin de tant de situations et
de tant de figures, communes et jolies! On parle
de Léa démariée, car elle est veuve, et comme du
moment qu'on parle de quelqu'un, au théâtre, ponc-
tuellement il arrive, elle arrive, noire et veuve de
pied en cap... Froide avec Paul, on sent que cette
froideur est coupante et que tout à l'heure elle va
blesser... J'ai vu le moment où les âmes pures de
la salle allaient s'éprendre de cette pauvre jeune
femme abandonnée, qui aime toujours, si le ridi-

cule de la pièce, un grotesque tempéré, un M. de Beaubourg qui voudrait être distingué et qui se sait vulgaire, et qui a cru que la vulgarité française pourrait encore être de la distinction à l'étranger (pas trop bête, le Beaubourg!), ne venait pas raconter aux Forestier qu'un soir cette Léa, qu'il ne nomme pas, mais qu'il désigne assez clairement pour qu'on puisse la reconnaître, est tombée dans ses bras, et que... et que... elle l'a mis à la porte immédiatement après... mais après! car la pirouette des âmes continue à se faire dans cette pièce dont le vrai nom pourrait être « *les Pirouettes du cœur* ». Ah! ici, les prudes ont joué de l'éventail, comme on sonnerait le tocsin, et les pauvres bégueules ont été bien secouées dans leur pudeur. La situation est, ma foi! très hardie, et je l'aime. Mais ce n'est pas tout qu'une situation hardie: il faut hardiment l'exprimer. Quand une chose a cette intensité, il faut que le langage dans lequel on la dit soit aussi intense qu'elle, — et il ne l'est pas. Le récit du Beaubourg est manqué, et le bourgeoisisme de l'expression en augmente l'indécence. Il n'y avait que la furie du relief qui, seule, pouvait la diminuer.

Du moment qu'elle s'est *donnée*, — toujours dans une pirouette, et quoiqu'elle se soit reprise dans une autre, — voilà que Paul Forestier se remet à aimer Léa avec un emportement sans pareil. Pour faire reprendre feu à un cœur éteint, il ne s'agit

que de frotter sa maîtresse contre quelque autre
homme. L'effet est certain. L'amour et la vanité,
c'est aussi malpropre que cela. Chose ignoble,
mais très vraie. Je ne reprocherai donc pas à
M. Augier de l'avoir montrée. C'est là tout son
drame. Il est tout entier entre les deux amants
qui s'insultent, se déchirent de reproches, se mau-
dissent et s'adorent. Belle scène, si elle durait, et
surtout si l'énergie du langage qu'on y parle était
adéquate à la violence de la situation. Mais les
pirouettes du sentiment ont, dans cette pièce, des
rapidités de toupie qu'on fouette. Ils se reviennent
trop vite, comme ils se sont quittés trop vite,
comme ils s'offensent trop vite, comme lui, Paul,
fut marié trop vite, et comme elle, Léa, est tombée
trop vite. Ces gens-là ne vivent qu'à la vapeur ! Le
drame qui devrait, en se prolongeant, se concentrer
sur cette femme qui s'est roulée dans la fange de
l'infidélité physique et qui n'en est que plus dési-
rable pour l'affreux cochon que tout homme porte,
comme Paul Forestier, dans son cœur immortel, ce
drame n'a point assez longtemps l'acharnement
qu'on attendait et qu'on voudrait dans cette effroyable bataille du mépris et de l'amour. Cela
s'épuise en une seule scène, et ce n'est pas assez !
Mais il fallait qu'il restât de l'acte pour que Léa et
Camille eussent leur scène aussi, et pour que Beaubourg, Beaubourg qui vient demander la main de

Léa et qui ne l'obtient point, eût la sienne. Paul, re-
poussé aussi par cette Léa qui l'a outragé et qui est
partie pour Venise, Paul, exaspéré, veut la suivre,
et déjà il soulève son sac de voyage pour partir,
quand tout à coup son père apparaît, et dans une
scène qui aurait pu être bien plus belle, mais qui
ne manque pas de pathétique, lui défend expressé-
ment de quitter la maison paternelle et conjugale,
et se met noblement devant la porte pour l'en empêcher. J'ai cru qu'il allait s'y coucher devant les
pieds de son fils comme la mère de saint Co-
lomban, et cela aurait été d'une beauté dramatique à faire crier la salle, mais les mères des
Saints en savent plus pour arrêter les passions
de leurs enfants que les philosophes du XIXᵉ siècle,
et la légende a plus de poésie que M. Augier. Le
père vaincu, *qui ne devait pas être vaincu*, appelle
la femme à son secours, et fait rempart de toute la
famille contre ce frénétique qui veut la trouer et
s'échapper par ce trou. Et c'est la femme qui
triomphe, ce n'est pas le père! C'est la femme, —
non pas la femme qu'il faudrait, simple, naïve,
naturelle, affligée, mais la femme gâtée par le
roman moderne, qui veut mourir, comme le *Jacques*
de George Sand, pour faire le bonheur de deux
êtres qui s'aiment et qui, le soir, sur l'oreiller,
quand elle sera morte, se diront : C'est à elle que
nous le devons!

Abominable fadaise! Je ne connais rien de mesquin comme ce dénouement, rien de plus compromettant pour la bénédiction paternelle qui finit la pièce; — car le rideau tombe sur cette maigrichonnette bénédiction en habit noir!

III

La voilà toute, cette pièce de *Paul Forestier*, et vous voyez s'il y a tant à faire, pour cela, de musique sous le balcon de M. Augier! C'est un drame à situations vives, — prises un peu à tout le monde : à M. Dumas fils, dans la *Dame aux Camélias;* à M. Octave Feuillet, dans *M. de Camors*, et à M. Émile Augier lui-même, dans *Gabrielle.* De la vérité, oui! mais pas nouvelle, — hardie dans un sens, pas dans l'autre; car ce n'est pas la volonté d'être hardi qui fait la puissance. M. Augier périt par le langage, ce langage qu'aucun des Critiques de théâtre n'a pensé à lui contester, pas même M. de Saint-Victor, qui sait pourtant bien quand le vers, cette lame d'acier dur, est tordue, affilée et damasquinée par un Maître. Eh bien, c'est sur le langage particulièrement que, moi, je m'inscrirais le plus en faux contre les éloges adressés, outre

mesure, au Poète de *Paul Forestier !* Pour moi, la
langue du nouveau drame n'est ni plus ni moins
que la langue des autres œuvres de M. Augier, de
ce petit-fils de Pigault-Lebrun, qui écrit un peu plus
correctement et un peu plus chaudement que Picard ; car le romantisme de 1830 n'a pas passé
impunément sur les natures de Picard, et envoie
un peu de sa couleur à leurs grisailles. Mais c'est
toujours, à peu de chose près, un simple poète à la
Picard. Lorsque, chez lui, la situation s'empourpre,
quand les idées s'élèvent comme dans la tirade sur
le bonheur que donne l'art et la pensée, on croirait que c'est l'heure du Poète ; mais on n'a là,
toujours là, qu'un bourgeois qui veut l'être, et qui,
comme Poisard, auquel il ressemble par tant de
côtés, ne l'est jamais que pour les avoués, les
notaires et quelques académiciens !

Il y en avait sans doute dans la salle. Je les ai
reconnus, eux et leurs femmes, à l'entrain de leurs
applaudissements à chaque *lapalissade* qui appa-
raissait gravée, en creux, dans ce qui n'était pas
le bronze du vers. On a surtout déliré sur celle-ci :

La douleur élargit les âmes — qu'elle fend !

Parbleu ! — puisqu'elle les fend !!! Les lapalis-
sades et les madrigalades, comme on le sait, sont
tout ce qui porte le mieux aux entrailles de ces forts

publics qui font la gloire. Le public flatteur et flatté
des premières représentations s'est fort bien con-
duit à celle de la pièce de M. Augier. Il a battu
vigoureusement de ses mains aux doigts spatulés
et, à force d'être heureux, il s'est montré ineffa-
blement interrupteur tout le long de la pièce. La
monnaie des billets donnés a donc été payée comp-
tant. Mais comme tous ces gens-là, pourtant, ont
été au-dessus de la Critique ! — de la Critique qui
s'y connaît, et qui n'en a pas moins fait le *dispro-
portionné* succès du lendemain.

IV

Et maintenant, aux acteurs ! Ils ont joué comme
pour M. Émile Augier, c'est-à-dire qu'ils se sont
donné toutes les peines et tous les trémoussements
qu'on pouvait se donner pour une pièce sur laquelle on comptait au Théâtre-Français. Got s'est
parfaitement encadré dans le vieux sculpteur bourgeois, qui croit à la vertu du pot-au-feu conjugal
sur les passions de ces indomptables artistes qui
n'ont jamais que la chasteté de la continence absolue, ou qui n'en ont pas, et, puisqu'on l'appelle
cornélien, il a été véritablement cornélien contre

une tempête de coliques qui a mal choisi son moment, et qui a fait dire dans la salle, non pas *Madame se meurt ; Madame est morte!* mais : « Got a la
colique ; Got a la colique ! » Tout est suspendu. O
anxiété! La représentation finira-t-elle? Elle a fini ;
la colique aussi. Tout donc a été bien. Mais on ne
sait plus dire les vers au Théâtre-Français. Ils
étaient là trois coryphées de ce théâtre : Got, Coquelin Delaunay, et tous les trois ils ont donné
au vers l'emphase contre laquelle tous les grands
comédiens ont toujours protesté, malgré tous les
conservatoires, et ce n'est pas tout, ils les ont
élargis et *fendus* avec des points si gros et des virgules si longues, que, sur la durée de chaque point
ou de chaque virgule, un danseur aurait eu le
temps de faire tout un nombre de petits battements.
Madame Victoria Lafontaine a été d'une insignifiance !...

Je vins à la fontaine,
Que mon cœur, que mon cœur a de peine !

Elle jouait le rôle de Camille. J'aime mieux celle
d'André Chénier. Mademoiselle Favart, qui va maintenant passer grande actrice, comme M. Augier
homme de génie, — et par le même procédé, —
s'est démenée avec des gestes diablement pointus.
Est-ce l'effet de cette atroce robe de veuve plate et

longue qui l'amincit par trop? mais dès qu'elle a eu cette damnée robe, elle m'a fait l'effet d'un grand point d'interrogation noir (?) dont le dos se recroquevillerait sur une jambe unique longue d'une aune! Et je me suis dit en m'en allant : Si c'est là la reine de la pièce, couronnons-la... d'une crinoline!

LES THÉATRES (1)

Vendredi, 7 février 1868.

« Où il n'y a rien, le Roi perd son droit », dit le vieux proverbe. La Critique aussi. Nulle première représentation n'ayant eu lieu cette semaine, la Critique dramatique a tout dit quand elle a constaté cette sécheresse. Depuis trois jours, il est vrai, on nous a annoncé sur l'affiche le *Papa du prix d'honneur*, au théâtre du Palais-Royal ; mais cette première représentation a toujours été renvoyée au lendemain. Le *Nain jaune* ne peut faire comme le Palais-Royal, il paraît à jour fixe, et le voilà bien obligé de remettre à la semaine prochaine l'examen d'une pièce qu'on ne jouera, ce soir, qu'au moment où nous mettrons sous presse.

Ceci, du reste, n'arriverait pas aujourd'hui si,

1. *Nain jaune.*

fidèle à son affiche, le Palais-Royal avait exactement joué sa pièce le jour qu'il l'avait annoncée. Mais, est-ce une imprévoyance ou un calcul? — un calcul de réclame, une manière d'exciter la curiosité en la faisant attendre? — Les Directions de théâtre se croient dans le droit et dans la convenance en renvoyant plusieurs fois au lendemain une représentation solennellement annoncée, et la Critique dramatique, qui a probablement ses raisons pour rester en bons termes avec les Directions, ne fait là-dessus aucune observation et souffre la chose en silence.

Mais nous, qui sommes parfaitement résolus à parler quand il faudra des Directions autant que des pièces qu'elles nous donnent, nous trouvons peu convenable le sans-gêne administratif du procédé que nous relevons aujourd'hui. De deux choses l'une : si un théâtre n'est pas prêt pour la représentation d'une pièce *à jour fixe*, pourquoi l'annonce-t-on *à jour fixe?* et s'il est prêt, pourquoi l'annonce-t-il sans la jouer?

LE CRIME DE FAVERNE (1)

—

11 février 1868.

I

Le jour où l'on représentait à l'Ambigu le *Crime de Faverne*, on donnait au Palais-Royal le *Papa du prix d'honneur*, annoncé et renvoyé abusivement et presque impertinemment au jour suivant pendant toute la semaine. Or, M. Théodore Barrière est l'auteur, sinon des deux pièces, au moins dans les deux pièces, et il avait le dandysme de faire jouer toutes deux le même jour. Il jouait lui-même ainsi au petit colosse de Rhodes dramatique, qui a une jambe ici et l'autre là, — l'une sur la rive sinistre du drame, l'autre sur le rivage joyeux de la comédie, — et il a cru — je ne hais pas cette fatuité — que le succès, vaisseau pavoisé, passerait sous ses deux jambes comme sous un

1. *Nain jaune.*

arc de triomphe! Or, encore, à moins d'être la Marie Bucaille des vieilles chroniques normandes, qui pouvait être en deux endroits en même temps, il fallait bien choisir entre la comédie ou le drame, pour en rendre compte aujourd'hui, et Frédérick Lemaître devant jouer dans le *Crime de Faverne*, mon parti a été bientôt pris. Frédérick allait ajouter à l'intérêt du drame de MM. Barrière et Beauvallet, quel qu'il fût d'ailleurs, l'intérêt supérieur de sa haute personnalité. Il ne faut pas que Louis XIV dise jamais : *J'ai failli attendre!* Je suis allé à Frédérick.

II

S'il n'y avait eu que le drame seul, — le drame décapité de la personne de Frédérick, — c'est à la comédie que je serais allé d'abord, attiré par un autre nom, ce doux nom de Labiche, qui exprime pour moi le seul talent gai qui soit maintenant dans cette époque ennuyée, déplumée de toute gaîté, et qui, comme un vieux perroquet, répétaille, pour se faire rire, des plaisanteries encore plus rongées des mites que ses ailes! Quant à M. Théodore Barrière, il n'exerçait sur moi aucune

séduction personnelle, et, qu'il ne s'horripile pas !
je vais lui dire pourquoi... J'étais peu au courant
de son théâtre. Mon originalité, à moi (je l'ai déjà
dit), c'est d'être un nouveau débotté dans la Critique dramatique ; c'est de m'y présenter, parmi
ces blasés de la Critique, avec l'innocence effrontée
de mes premières sensations. J'ai bien ouï dire
que M. Barrière était un grand talent. J'ai lu
même (lu ! la terrible épreuve des choses qu'on
parle au théâtre), une belle scène de lui, — la première de *Malheur aux vaincus !* — mais, excepté
cette scène, je ne savais guères de M. Barrière que
ce qu'on disait, et si sa réputation était un fait très
retentissant à mes oreilles, j'avais dans l'esprit le
tintement de ce vers d'un jésuite, aussi spirituel
que son Ordre :

Des réputations, on ne sait pas pourquoi !

Une fois pourtant j'avais, de hasard, rencontré
M. Barrière. Je l'avais vu très vite, — en passant,
— obliquement, — de profil. Un bout de mous-
tache pointue dans une face pâle et nerveuse. Ce
fut tout. Mais on m'avait conté que l'auteur des
Faux Bonshommes aimait beaucoup les chats, et,
de ce moment, cela ne m'étonne plus. C'était de la
charité chrétienne ; car il en est un. Nous autres

chrétiens, nous devons aimer nos semblables. Qui ne le sait! Dans tout talent, comme sous toute figure, il y a une bête (l'homme est une arche de Noé en petit), et la bête du talent de M. Barrière c'est évidemment ce paquet de nerfs qu'on appelle le chat. Il n'est pas chat par la fourrure, par la patte de velours, par la grâce caressante et pateline, non! mais c'est le chat par le système nerveux, agacé, *jurant*, suraigu...

Il est enfin de la bande de chez Crébillon. Crébillon le tragique (vous vous en souvenez!) avait quatre-vingts chats qu'il enfermait, tous les quatre-vingts, dans une chambre, pour leur tomber dessus avec un fouet de postillon. C'est ainsi qu'il se préparait à faire *Rhadamiste* ou *Atrée*. Vous comprenez que cela montait ces chats! Eh bien, j'aime assez cette manière d'être Crébillon! Est-ce comme Crébillon, ou comme un des chats fouettés par lui, que M. Barrière s'est préparé à faire son *Crime de Faverne*, — qui est un *Atrée* à sa manière? Toujours est-il que jamais chat fouaillé par le diable lui-même, — qui est encore un plus grand fouetteur de chats que Crébillon, — n'a griffé dans un écheveau pour le détordre et ne l'a emmêlé avec plus d'obstination, de coup sur coup et de froide et mâle rage, qu'il n'a griffé dans son sujet embrouillé, débrouillé, rebrouillé avec une furie volontaire et une répétition d'accès qui fait ressem-

bler ce drame, violent et saccadé, à une attaque
d'épilepsie !

III

Et je suis bien bon de dire ce drame : je pourrais dire ces deux drames ; car il y en a deux l'un
dans l'autre, ou l'un sur l'autre, comme vous vou-
drez, et qu'on pourrait très bien détacher l'un de
l'autre. L'un s'appellerait le *Crime de Faverne*, et
l'autre *Sganarelle notaire*, — autrement *Séraphin*.
On pourrait penser que l'idée du personnage de
Séraphin (quel nom pour un homme dans sa position!) et de sa triste aventure, qui fait drame à elle
toute seule, a saisi l'auteur ou les auteurs quand ils
se débattaient dans leur *Crime de Faverne*, et qu'ils
se sont dit tout à coup, au feu d'une idée : Si nous
fourrions Frédérick là-dedans, cela sauverait tout!
Cela ferait le succès de la pièce. Notre marchandise serait couverte par ce glorieux pavillon. Couverte... oui! Mais assainie? non! car cette marchandise nous apporte la peste, et tous ses ballots
sont empoisonnés.

Et, de fait, s'il n'était que faux! et que déclamatoire! et que ridicule! du ridicule spécial au genre!

le *Crime de Faverne*, qui pourrait très bien s'appeler le *Fratricide involontaire*, comme le drame de Fenouillot de Falbaire s'appelait l'*Honnête criminel*, on dirait en passant : C'est là une mauvaise pièce, et on n'y penserait plus. Mais c'est bien pis que faux, ridicule et déclamatoire : c'est absolument monstrueux. Les gens qui s'agitent dans ce chaos et ce casse-tête d'un drame où, à force de battre son sujet comme on bat le briquet pour en faire jaillir des étincelles, on obtient peut-être un ou deux éclairs de talent ; oui ! les gens qui s'agitent dans ce tintamarre sont affreux de tout point : affreux d'âme, d'esprit, de ton, de mœurs, de langage ; criminels ignobles, lâches, surtout vulgaires, et bêtes par-dessus le marché ! Ils compromettent même le crime dans leurs abominables personnes ; car le crime a besoin, pour être digne du regard des hommes rassemblés qui viennent chercher un noble spectacle de l'esprit à un théâtre, d'être au moins l'expression, égarée ou dépravée, mais l'expression d'une certaine puissance ! Il doit avoir son intelligence, sa logique, et, à force d'énergie, presque sa fierté. Mais s'il est plat quoique hideux, s'il est trivial quoique ampoulé, le crime n'est plus qu'une dégoûtante sottise à chasser de toute littérature. Ni le génie ni le talent ne mettent leurs mains patriciennes dans ce crachat social, qui n'est fait que pour le balai du bourreau. Et encore, dégoûtante seulement pour la partie élevée du public, cette sottise ne l'est pas et ne peut pas l'être pour la partie inférieure que ces auteurs devaient voir, avant tout, dans un théâtre comme l'Ambigu-Comique, qui est un théâtre du boulevard, et qui devrait être pour le peuple encore moins un amusement qu'une éducation. Je ne suis pas, certainement, pour l'art qui sermonne en quatre points ; mais, puisqu'on veut la liberté des théâtres, il faut que le théâtre le plus hanté par le peuple l'instruise, le moralise, l'intellectualise, et l'attire dans la pensée vraie par l'émotion juste... Or, c'est là ce que n'ont pas fait MM. Beauvallet et Barrière. En écrivant leur drame, ils n'ont pensé ni à la littérature, ni à la langue française, ni à ce qui importe bien plus : la dignité de la vie ! Ils nous ont mis en action une effroyable et basse histoire, dans laquelle il n'y a rien pour aucune des facultés qu'il est nécessaire d'exalter dans l'homme, si on veut rester même dans la vérité de l'art.

Et je m'en prends moins à M. Beauvallet qu'à M. Barrière. M. Beauvallet, à ses œuvres, me fait l'effet d'un jeune homme de peu d'expérience théâtrale, quoique les romans qu'il écrit soient des mélodrames en cinquante actes ; car M. Beauvallet est malheureusement attaqué de ce ténia du roman-feuilleton, qu'on pousse vigoureusement, pour s'en débarrasser, pendant un an d'efforts et

de joues enflées, et qui, au bout d'un an, n'est pas
encore sorti et pend toujours ! Tandis que M. Théodore Barrière, qui passe pour un maître au théâtre,
et qui, à coup sûr, s'y est montré parfois pho-
tographe mordant et exercé, a moins d'excuse que
son collaborateur pour nous donner aujourd'hui
une pièce qui, dans l'ordre dramatique, ressemble
beaucoup au livre de M. Zola (*Thérèse Raquin*)
dans l'ordre romanesque, et qui est, je l'espère du
moins, le dernier mot du réalisme en littérature.
Est-ce système chez M. Barrière comme chez
M. Zola, qui a, d'ailleurs, montré dans son roman
beaucoup plus de talent que M. Barrière dans sa
pièce?... Ou ne serait-ce pas plutôt l'impuissance
de l'art dramatique, sentie par une âme qui avait
demandé sa destinée à cet art, selon moi fini, épuisé
de situations et de caractères, et dont nous avons
fait depuis des siècles trop de fois le tour pour
qu'il ne croule pas, à cette heure, comme les mu-
railles de Jéricho. Pour ma part, je ne puis m'empêcher de croire à cette conscience du néant de son
art dans M. Barrière, et j'imagine que ce doit être
là le coup de fouet de Crébillon sur cette nature
féline, nerveuse, convulsive, hérissée, qui est
capable de tuer son sujet à force de frapper dessus,
comme ce chat dont les journaux parlaient l'autre
jour, qui, accroché au dos d'un serpent, à force de
lui griffer la tête à la même place, avait fini par

la lui ouvrir. Certes! il y a dans cette exaspération terrible d'un chat, presque tigre, affamé d'effets impossibles, quelque chose qui me plaît, à moi pour qui l'art ne se présente jamais sous une autre notion que celle d'une exaspération toujours croissante dans l'inspiration et dans la manière; mais il ne faut pas cependant être exaspéré et en même temps être vide, et exaspéré précisément parce qu'on est vide et qu'on le sent!

Malheureusement, c'est là ce que je vois trop, aujourd'hui, — l'exaspération dans le vide, — au fond de ce drame surchargé et enragé du *Crime de Faverne*, lequel se refuse tellement à l'analyse que je défie bien le critique le plus attentif de le raconter, s'il ne l'a vu jouer qu'une seule fois. L'idée de ce drame n'est point une idée, mais un de ces faits sur lesquels pivotent tous les mélodrames de la terre depuis qu'ils ont été inventés. En un mot, c'est une haine entre deux frères, dont l'un déshérite l'autre pour donner toute sa fortune à sa maîtresse adultère, et dont l'autre, empoisonneur de la maîtresse qui le frustre des biens fraternels, empoisonne son frère en voulant empoisonner sa maîtresse. Tel est le fait vulgaire atroce et bas, autour duquel MM. Barrière et Beauvallet, des Pixérécourt après Pixérécourt, mais de la force de vingt-cinq chevaux, ont amoncelé et tordu une foule d'autres faits qui n'ont aucun rapport avec celui-là, et qui font de leur pièce une épaisseur sans clarté et un entrelacement inextricable... Et quand cela a été fait, c'est sur cet épouvantable fagot qu'ils ont planté leur second drame, le *Notaire trompé*, le seul auquel la Critique puisse comprendre quelque chose et dont elle puisse nettement parler.

V

Ce drame de Sganarelle-Séraphin, dans lequel, pour le ridiculiser plus cruellement, les auteurs ont *séraphinisé* le cocuage en le montrant sous la figure d'un homme presque digne, quoique notaire, de porter ce nom de Séraphin, par la tendresse de ses sentiments et la nuance très angélique de ses vertus, est au moins, lui, une pièce intelligible !... Maître Séraphin adore la mémoire de sa femme qu'il a perdue et dont il parle, hélas ! avec un rabâchement sentimental tellement idiot, que l'art suprême d'un comédien comme Frédérick ne peut faire prendre le change sur cet idiotisme, lacrymatoire et baveux. Or, tout à coup, sans qu'il y ait de raison à cette infamie que l'intérêt même de cette infamie et le plaisir de s'en régaler, le clerc

de ce notaire, qui s'appelle Grenouillot comme le
notaire s'appelle Séraphin (inventions adéquates!),
a fait une complainte sur le malheur conjugal de
son patron, dont l'ignoble polisson, laid comme
son nom, a été la cause, et il la chante aux autres
clercs groupés autour de lui dans l'étude, et envoie sur le cœur du pauvre Séraphin cette flaque
de boue au moment où il sort tout ému de la
chambre de sa femme, qu'il appelle la *chambre des
souvenirs* et où il veut qu'on parle bas comme dans
l'église... De cette ignominie Séraphin devient
fou. Il va désormais traîner sa folie dans la seconde moitié de la pièce, et c'est bien heureux pour
MM. Beauvallet et Barrière; car, sans Frédérick,
malgré les intelligences du public et ses rires de
nègre aux plaisanteries grossières qui se mêlent
aux horreurs du *Crime de Faverne*, il n'est pas
certain que nous n'eussions pas entendu quelque
belle fanfare de sifflets!

Mais Frédérick jouant la folie, Frédérick interve-
nant et réchauffant de la vie de son jeu toutes ces
froideurs de vipère, a créé une sincérité de passion dans la salle qui, certes! n'était pas dans la
pièce. Seulement, quoique j'aie eu du bonheur à
l'y admirer, je n'en trouve pas moins horriblement
triste de voir un grand acteur, qui aurait besoin,
pour se mouvoir dans sa force et dans sa majesté,
du vaste milieu d'une grande œuvre, déporté mi-

sérablement dans une œuvre de bas étage, un vrai ponton pour son génie ! Pour mon compte, je dis que Frédérick est fait pour mieux que pour être le Lord Protecteur de mélodrames qui sombreraient sans lui, et que, quand on a ce talent avec lequel il a idéalisé ce vieux cocufié d'outre-tombe, devenu terrible d'abord et navrant ensuite, on doit le garder pour jouer quelque chose comme le *Roi Lear*, et ne pas prendre pour son Shakespeare MM. Barrière et Beauvallet !

Pour les autres acteurs, ils paraissent probablement encore plus mauvais qu'ils ne le sont réellement, quand on les regarde à la lumière du jeu splendide de Frédérick. Il faut pourtant faire exception en faveur de mademoiselle Rousseil, qui devient belle et qui devient actrice tout à la fois. Elle a joué simplement au milieu de ces déclamateurs insupportables, et, à deux ou trois endroits, puissamment, avec un geste net, passionné, éloquent ; et, franchement, dans cette vieille machine de 1810, retapée avec la frénésie du Réalisme de 1868 à bout de ressources, c'est la seule que, après Frédérick, et malgré la langue qu'on parle dans cette vieille machine, il m'ait été possible d'écouter...

KEAN — DON JUAN (1)

———

Vendredi, 21 février 1868.

I

Lundi — oui ! en vérité, lundi dernier, — j'ai cherché M. Viennet à l'Odéon. Il n'y était pas. Cela m'a bien manqué. On y jouait le second grand Romantique de 1830, — d'aucuns disent même le premier à la scène, — et on l'y jouait dans la pièce réputée la meilleure de tout son théâtre. On reprenait *Kean*. On le reprenait sous le coup de circonstances qui pouvaient fouetter et faire écumer jusqu'au ciel le flot du succès. Dans le dégoût profond et irrité de toutes les inepties à costumes et à spectacles qu'on nous a depuis si longtemps données pour des pièces, il semble qu'on veuille enfin pro-

1. *Nain-jaune.*

voquer ce grand changement d'un peu d'âme et d'esprit à la scène ; et comme c'est très rare, pour le moment, cela, parmi les Actuels et les Jeunes, on s'est replié vers les Anciens, et par mieux on est allé à celui de tous qui passe — on dira bientôt qui a passé — pour en avoir mis le plus en ses œuvres. De MM. Feuillet, Émile Augier, Sardou et même Dumas fils, ces Insuffisants, on est remonté à M. Dumas père, le grand Dumas (le grand! cette épithète contre l'autre), que M. Michelet a appelé avec un sérieux si grotesque : « *une des forces de la nature.* » Mais, hélas! ni les écœurements des choses très bêtes, qui rendent savoureuses les choses qui ne sont pas tout à fait imbécilles, ni le choix d'une pièce qui fit un bruit immense autrefois, ni le prestige de tout ce qui tombe le moins en France, même quand elle fait tout ce qu'elle peut pour tomber : — une réputation ! — ni « l'*une des forces de la nature* », n'ont pu donner à cette pièce de M. Dumas la vie qu'elle n'a plus. La flamme du punch — ce breuvage d'un soir — s'est exhalée, et c'est en vain que vous râcleriez, avec la cuiller, le fond du bol. Elle ne renaîtra pas. Elle est bien éteinte. « Pends-toi, Crillon ! » disait Henri IV. Pends-toi, Viennet !... Où était-il donc lundi soir ?... S'il avait été là, le Patriarche, le Mathusalem des Classiques, lui seul peut-être, dans toute la salle, aurait eu une voluptueuse soirée. Il aurait vu le

Romantisme, son vainqueur, tomber de lui-même, après s'être passé l'arme qu'il a forgée de son propre ennui à travers le corps !

Car, il faut bien le dire, ç'a a été ennuyeux *en soi,* cette représentation qui devait exciter toutes les sortes d'intérêt et allumer les curiosités. Voluptueusement vengeresse pour M. Viennet, s'il avait eu le bonheur d'être là, pour la plupart des spectateurs elle n'a été qu'une déception complète. On s'attendait à de la vie et même à trop de vie ; et c'est précisément la vie qui a manqué partout, sur le théâtre et dans la salle. Il n'y en a eu nulle part, ni dans les applaudissements qui ont été, comme toujours, l'aumône obligée des amis aux premières représentations ; ni dans les sifflets (ce *genre* du moment !) qui se sont fait entendre vers la fin de la pièce ; ni dans les acclamations légèrement gamines dont on a salué M. Alexandre Dumas, cet homme qu'on sait d'attendrissement facile et qu'on voulait faire pleurer un peu, pour en rire !

II

Quant à la pièce qu'on jouait, elle nous a suffisamment appris ce que devient, après trente ans,

une œuvre qu'on croyait d'or dans l'éloignement
et qui n'est que d'argile. Cette célèbre comédie de
Kean, car, on ne le croirait jamais ! c'est étiqueté *comédie* dans les œuvres dramatiques de M. Alexandre
Dumas; cette comédie où l'on ne fait que rugir,
boxer et pleurer tout le temps qu'elle dure et dans
laquelle on finit par se jeter par la fenêtre dans la
rivière; cette singulière comédie n'en avait pas
moins laissé, comme pièce de théâtre, quel que fût
le genre dans lequel on l'aurait classée, une impression presque grandiose, comme de quelque
chose de hardi dans sa conception et d'énergiquement passionné dans son langage. Il est vrai que
Frédérick, le Kean français qui joua le Frédérick
anglais dans la pièce de M. Dumas, était pour
beaucoup dans cette impression et l'avait fixée avec
son génie, comme avec une flèche de feu inextin-
guible, dans la mémoire de ceux qui purent l'admirer alors; mais la pièce de M. Dumas n'en semblait pas moins quelque chose de fort aussi par
elle-même. Exilée de la scène depuis ce temps-là,
elle avait, pour les imaginations ébranlées et qui
se souviennent, je ne sais quel air de chef-d'œuvre
que, peut-être, sans cette seconde épreuve de la
scène, elle aurait gardé. Mais à présent c'est impossible ! La pièce de M. Alexandre Dumas est irré-
missiblement jugée. Pour que cette pièce, laborieusement médiocre, ait fait l'effet d'être du

génie, il fallait trois choses qui ne sont plus là : le jeu prodigieux de Frédérick, le tempérament d'un temps qui en avait encore plus que M. Alexandre Dumas, et, par suite de ce tempérament, son peu de souci des choses morales quand il s'agissait des choses pittoresques et littéraires.

Et, de fait, il fallait ce temps, ce temps de l'art pour l'art et de l'effet extérieur à tout prix, pour que M. Alexandre Dumas songeât à écrire une pièce comme *Kean*. Si ç'avait été Shakespeare, seulement! qu'il eût pris pour sujet de son drame, puisqu'il lui fallait un comédien, le génie est si grand, dans Shakespeare, qu'il ne purifie pas les mœurs mais qu'il les relève, quand elles sont coupables et basses comme elles le furent parfois ; — mais non pas! Au lieu de Shakespeare, M. Dumas a pris Kean : il a mieux aimé Kean! Kean, un comédien du talent le plus rare, c'est la vérité, mais, au fond, un odieux et crapuleux cabotin. Et encore si ç'avait été pour nous montrer ce que fut Kean dans la réalité violente et abjecte de sa vie qu'il l'aurait choisi; si l'auteur avait justifié le second titre de sa pièce, qu'il intitule aussi *Désordre et Génie*, la Critique n'aurait plus à regarder que la question de puissance et d'exécution. Mais non pas ! c'est de Kean, de Kean le dissolu et l'ivrogne, que M. Dumas a voulu être le peintre et le poète, et ce sentimental de 1830, si tendre aux cabotins, nous en a fait, par

amour du cabotinisme, un héroïque et un vertueux ! A cela près d'une orgie qui faisait trop bien
aux yeux avec ses ivrognes, retirés, un à un, de
dessous la table, pour que M. Dumas n'eût garde
de l'oublier, Kean est, pendant les cinq mortels
actes de cette haute bouffonnerie, une espèce de
perfection qui aime comme Werther, qui est aimé
comme Don Juan ; mais qui respecte les femmes
qu'il aime et console les jeunes filles qui ont le
malheur de l'aimer. Excepté à la taverne où il est
allé faire un repas — mais de baptême ! — avec
de pauvres gens dont il est le bienfaiteur et où il
se bat à coups de poings avec un matelot et lui
poche un œil, Kean est aussi vertueux et pur que
le puritain Wilberforce, et aussi supérieur en sentiments à la société qui l'entoure que le comédien
est naturellement supérieur aux Pairs d'Angleterre,
et le bâtard Antony à tous les fils de famille de la
création ! La haute société d'Angleterre n'est dans
cette comédie que pour mettre en relief les mérites
outrecuidants du seigneur Kean. C'est le repoussoir que le romantisme a trouvé ingénieux de
placer sous les vertus des comédiens pour qu'elles
paraissent mieux. Certes ! une telle conception, si
contraire à la réalité et à l'histoire, ne pouvait
être risquée au théâtre qu'au moment où M. Dumas
l'y lança. *Kean* devait venir après *Antony*, dont il
n'est, en somme, qu'une variété. Après l'Antony

du monde, c'est l'Antony des planches. Il a la vanité sociale d'Antony, les fureurs d'Antony contre son métier de comédien, comme Antony contre son métier de bâtard. Et même il les a davantage, puisqu'il devrait moins les avoir. Antony n'est qu'un *gant jaune*, heureux dans un seul adultère. Mais le comédien Kean, qui est l'ami intime du prince de Galles, qui va de pair à compagnon avec la société la plus fière du monde mais qui ne l'est plus quand on l'amuse; le comédien Kean, qui a tous les succès du génie que le génie n'a pas toujours, cet heureux qui roule sur l'or et les femmes, ce ribaud le plus insolent et le plus impuni parmi les plus insolents ribauds de la terre, est encore plus absurde qu'Antony quand il se révolte contre son état de comédien, qu'au fond il adore; car si Kean n'avait pas été comédien, qu'on dise ce qu'il aurait été?

Eh bien, c'est ce type, cher à la jeunesse de ce siècle, qui fut facile à égarer comme toutes les jeunesses, qui fut tapageuse et batailleuse comme toutes les jeunesses, mais qui est à présent finie; c'est ce type qu'on vient de revoir, c'est ce burgrave dramatique qui fait l'effet d'un centenaire, quoiqu'il n'y ait que trente-deux ans de tombés sur sa barbe, qu'on a retrouvé, mais sans la magie du jeu de Frédérick, et qui a paru d'une vieillesse affreuse et d'un froid décharné de spectre ! Et ce n'est pas uniquement le type de Kean qui a vieilli, c'est la passion elle-même, cette passion que représentait, disait-on, M. Alexandre Dumas dans l'ordre dramatique, comme M. Victor Hugo y représentait la pompe et l'éclat. C'est cette passion, qui se conserve dans le geste et le mouvement quand une œuvre est sincère, et qu'on ne sent plus en celle-ci ; et c'est surtout, et plus malheureux que tout, le langage, le langage qui est resté à Racine quand les formes de sa tragédie, périssables comme toutes les espèces de formes dramatiques, s'en sont allées en poussière, et qui n'est pas plus resté que le type et la passion de sa comédie à M. Alexandre Dumas.

III

On le croyait, au moins, un écrivain. On disait que l'homme qui a tant fait pour l'effet extérieur, qui a tant négligé dans ses drames les choses morales, les convenances historiques, la vraisemblance humaine, avait au moins ce qui était tout pour lui et tout aussi pour son temps : la couleur, le pittoresque, la grande et chaude expression qui prouve un fort tempérament d'écrivain. On se le disait et je me le disais aussi moi-même. Mais

quelle n'a pas été ma surprise quand j'ai entendu
— sur des lèvres qui n'étaient pas les lèvres trans-
figuratrices de Frédérick — des phrases comme
celles-ci, écrites par un de ces Révolutionnaires
de 1830 qui se vantaient d'être les haïsseurs des
idées communes et des phrases vulgaires : « Je
le dirais aux *roseaux de la Tamise, comme le roi
Midas...* » Et encore : Je vous protégerai « comme
si vous étiez de ma plus *proche et de ma plus chère
famille* ». Est-ce qu'on en a plusieurs?... Et encore :
« Habitués à étudier les sentiments humains, à les
chercher au plus *profond de la pensée...* », où ils ne
sont pas. Et encore : « J'ai appris que vous n'aviez
clos votre porte que pour moi. » Et encore : « *Vous
ne savez pas ce que c'est que cette robe de Nessus?* »
— une nouveauté! M. Dumas dit : « Vider sa *coupe
et son calice,* » en même temps. C'est lui encore
qui, parlant de Kean, fait cette vieille phrase saint-
simonienne : « *Quel est le Christ* qui a ressuscité la
jeune fille! » C'est lui toujours qui, pour dire la
loge d'un comédien, dit : le « *sanctuaire des arts* ».
C'eût été mieux, je crois, de dire : la sacristie.

Enfin, c'est lui qui écrit sans hésiter : « *Elle bou-
lotte* », en parlant d'une famille qui ne se porte pas
trop mal, et cette heureuse expression lui semble
parfaitement couleur locale anglaise! Du reste,
quand il n'est pas de cette trivialité dont je pourrais
très bien multiplier les exemples, l'auteur de *Kean*

a la distinction du ridicule. Dans cette pièce déclamatoire et vide, où il y a un nombre considérable de ces phrases à trois becs : « des larmes plein les yeux, — du dégoût plein le cœur, — du désespoir plein l'âme », ou « cet amour, j'en ai fait plus que ma vie, — plus que ma vie, ma gloire, — plus que ma gloire, mon bonheur », il est parlé de journalistes, et ils y sont appelés les *anges du jugement de la nation* par M. Alexandre Dumas. C'est peut-être la première fois que nous ayons été comparés à des anges :

> Merci du compliment!
> Dis donc, pour nous le faire, il prend bien son moment...

Tel, dans la plus éblouissante splendeur du romantisme, M. Alexandre Dumas, le rival de M. Hugo et l'*une des forces de la nature*, écrivait en 1836. Aujourd'hui, on ne relève ces phrases que parce que les échos de la salle de l'Odéon vont les répéter tous les soirs. On ne les relève, surtout, que parce qu'elles appartiennent à une de ces plumes incontestées qui, dans l'opinion, semblent avoir changé la face du style dans la littérature française, et qu'on n'en écrit pas moins, hélas! comme cela, parmi nous toujours!

IV

Les bouches qui les prononcent ne les feront
pas oublier. C'est Berton qui joue Kean et qui
n'imite pas, dit-on, Frédérick. Je le croirais assez.
Berton n'est qu'un Laferrière sonore ; rien de plus.
Il le rappelle, avec plus de vigueur dans le geste et
dans la voix ; mais c'est la même chaleur morbide
et convulsive, et le même manque de nuances et de
variété dans le jeu. Comme les acteurs de l'autre soir
au Théâtre-Français, dans *Madame Desroches* et dans
Paul Forestier, Berton est attaqué du vice du temps,
car il est général, qui consiste à dire trop lentement
et à faire pauser la voix sur les points et virgules
trop longtemps, même dans les moments de passion où il faudrait que la voix eût la rapidité et
l'emportement de la flamme. Un débit pareil diminue la verve et augmente la lourdeur des pièces
déclamatoires comme *Kean.* Que dire des autres
acteurs qui entourent Berton ?... Ils existent à peine
comme rôles dans la pièce, et ils n'existent pas
comme hommes. Il y a là un prince de Galles grin-
galet (sans jeu de mots) qui joue tout le temps en
habit noir, comme si l'habit noir, cet habit des

notaires de France, était l'habit de l'Angleterre au temps de la jeunesse de Kean. On y portait l'habit pourpre ou écarlate, ou encore l'habit whig, le frac bleu à boutons d'or avec le gilet blanc ou chamois, selon l'heure du jour. Coquelin cadet, que j'aurais voulu voir dans un rôle important, ne fait que le rôle du coiffeur Darius. Mesdames Bernhard et Ferraris, l'une dans Anna Damby, l'autre dans la comtesse de Kœfeld, ne montrent que le convenu de l'art superficiel, au lieu de montrer l'originalité réfléchie ou spontanée du talent. Mais la jeune fille qui dit la scène du balcon, traduite de Roméo et de Juliette, est tout simplement détestable et dit à faux, d'une voix grêle, les délicieux vers de Shakespeare que la traduction de M. Alexandre Dumas a si cruellement embourgeoisés! Il fallait les sauver au moins par le sentiment et par la voix, mais, ainsi dits, on aime encore mieux la prose qu'on vient d'entendre et dont j'ai donné de si jolis échantillons.

V

Le temps est aux Reprises. Ils ont repris hier aux Français le *Festin de Pierre*, et Bressant a tenu

le rôle difficile de Don Juan. Un plus fort que lui
s'y serait brisé. Acteur mou et bellâtre, qui ne
manque pourtant ni de distinction physique ni
même d'ampleur patricienne en ses divers costumes Louis XIV, tous très bien choisis, excepté
celui du premier acte, cerise et vert, trop perroquet,
Bressant a chanté son rôle plus qu'il ne l'a parlé.
Mais s'il a tant de dispositions pour le chant, pourquoi reste-t-il aux Français, où l'on doit parler ce
que l'on dit, et n'entre-t-il pas à l'Opéra-Comique ?...
A cela près de ce chantonnement perpétuel qui
gâte sa diction et la monotonise, il a joué avec
agrément, comme il aurait joué le premier fat, le
premier Acaste ou le premier Clitandre venu, — mais
Don Juan, non ! ce colosse de Don Juan, non !
L'amoureux, le séducteur, l'homme aimable, vo-
lage et joliment perfide, Bressant l'a été ; mais Don
Juan, non ! pas une seule fois ! La scène où il trompe
les deux paysannes, face à face, qui le mettent
dans l'entre-deux de sa promesse de mariage à
chacune d'elles, il a été léger, charmant, très
simple et très naturel dans cet étau. Il ne s'y
est pas tortillé du tout, et il s'en est tiré avec l'aisance de l'homme consommé en ces besognes du
diable. Ça a été son meilleur endroit dans la pièce.
Il s'est encore merveilleusement tiré de la scène
avec monsieur Dimanche. Il y a montré un calme
d'ironie, une sécurité et un velouté d'impertinence

des plus comiques et des plus nobles en même temps, chose bien rare ! Mais quand il s'est levé de ce fauteuil où il s'est assis avec une si large grâce d'attitude, et qu'il a donné l'ordre de reconduire monsieur Dimanche et de prendre des mousquetons pour l'escorter, Don Juan ne s'est pas levé avec lui... Cette magnifique plaisanterie des flambeaux et des mousquetons qu'il semble jeter, pour en finir, sur la tête de son créancier, il ne l'a pas dite comme j'aurais voulu. Il n'a pas dit non plus à son père : « Monsieur, si vous étiez assis, vous seriez mieux pour parler, » cette grande impertinence parricide, comme je l'entendais dans ma tête et dans l'oreille de ma pensée. Enfin, l'homme terrible que doit être Don Juan, à chaque instant, n'est pas sorti de ce superbe et élégant fourreau que fait Bressant à ce glaive. Avec ce rôle épouvantable de difficultés, c'est à recommencer toujours.

Régnier a eu son succès de rire dans le rôle de Sganarelle, dans lequel il interprète la tradition avec beaucoup d'intelligence, mais n'invente pas assez... Je reviendrai un jour sur ce rôle et sur cet acteur. Mademoiselle Dubois très fine dans Charlotte, et Coquelin excellent de tout point dans Gros-Pierre. Ces Coquelin — c'est presque Poquelin — ont un grand avenir.

LA REINE MARGOT (1)

Vendredi, 6 mars 1868.

I

Si on reprend, les unes après les autres, toutes les pièces de M. Alexandre Dumas, ce Scudéry du théâtre, il faut convenir que nous avons un joli avenir devant nous ! La sueur en vient dans le dos rien que d'y penser. Nous ne sommes encore, aujourd'hui, qu'à la quatrième de ces reprises de pièces en enfilade qui peuvent, toutes, nous enfiler, et déjà la Critique est lasse et le montre. Non pas la mienne, qui montre tout, sans se soucier des conséquences de la chose ; mais cette Critique aux relations, qui ménage également la chèvre et le chou dramatiques. Le chou parce qu'il est gras ou peut le devenir, et la chèvre parce qu'elle est

1. *Nain jaune.*

jolie ! Oui ! cette Critique, malgré son habitude d'avaler l'ennui, la bouche en cœur, commence déjà de bâilloter, le mouchoir sur le bec, à ces grandes chiennes de pièces dont, depuis trente ans, on nous a donné tant de fois la petite monnaie, et bientôt elle bâillera tout à fait, d'une bouche ouverte et retentissante, — d'une bouche *que veux-tu ?...* Pardieu ! autre chose ! Toutes ces reprises sont pour elle des surprises. On est surpris de la réputation faite à ces œuvres qu'on revoit et à leur auteur. On se rappelle le mot de la femme si souvent cité : *C'était le bon temps, j'étais bien malheureuse !* Je ne sais pas si c'était le bon temps que celui où nous prenions M. Alexandre Dumas pour un Shakespeare au petit pied, mais c'était un temps où nous étions bien bêtes... et nous le voyons aujourd'hui !

II

La *Reine Margot*, dans ce temps-là, du moins heureux pour lui, fut un des nombreux succès de M. Alexandre Dumas, et, il faut l'avouer, il y a dans cette pièce mouvementée, où l'action — l'action qui se tortille et se détortille, grâce aux moyens les plus grossiers, — remplace les passions, la res-

semblance historique, les caractères et le langage,
il y a certainement tout ce qui peut faire le succès
— et le plus grand succès — dans l'espèce de
bauge où maintenant cela se joue. Le public des
peleurs d'oranges et de pommes, qui vous jette des
saloperies sur la tête comme il le faisait hier soir
à la Gaîté, et qui se permet les grognements d'une
truie en goguette pendant que les pauvres acteurs,
sérieux comme des chats qui boivent du vinaigre
(c'est le cas de le dire), se donnent toutes les
peines du monde pour plaire à ce Roi goujat qui
s'amuse, un pareil public ne chicane pas beaucoup
sur la vérité d'un drame historique et jouit profondément de tout ce qu'il y trouve de vulgaire ; car
l'explication de tous les succès de M. Dumas, non
pas seulement à la scène, mais partout, c'est la vulgarité. Les gens vulgaires se reconnaissent en lui et
jouissent... de s'y voir. Il a des manières à lui de
tout descendre, de tout vulgariser, de tout mettre
au niveau de ce qui est commun, qui charment
les esprits communs... et, vous le savez ! il y en a,
en France, de quoi faire une belle gloire. Il est
dans l'ordre littéraire, M. Alexandre Dumas, ce
qu'est M. Thiers dans l'ordre politique. Encore un
roi des esprits communs, celui-là ! Il en a la facilité,
la superficialité, le sans-gêne, la même souple
façon de se jouer dans l'encre ou dans l'albumine.
Les commis-voyageurs regardent M. Alexandre

Dumas comme le plus délicieux des conteurs français. Les blanchisseuses citent les *Mousquetaires*. Pour bien avoir la mesure exacte du talent de M. Alexandre Dumas, il faut la prendre avec M. Ponson du Terrail comme mètre. L'un donne l'autre... mais vingt ans après. M. Ponson du Terrail a fait une *Jeunesse d'Henri IV* qui est presque le même sujet — d'époque, au moins, — que la *Reine Margot*. Et comme vérité humaine, profondeur historique et beauté de langage, cette *Jeunesse d'Henri IV* de M. Ponson du Terrail n'est guères au-dessous de la *Reine Margot* de M. Dumas. Je vous jure qu'à bien peu de chose près, cela se vaut ! C'est le même rapetissement et effacement des plus énergiques visages de l'histoire en de grêles et grimaçantes figures d'illustration ; c'est la même imposition, grotesque et imbécile, du langage, des plaisanteries du XIXe siècle et de ses plus bas milieux, aux personnages les plus élevés du XVIe ; c'est enfin, dans les deux auteurs, l'impossibiliié radicale de comprendre l'art dramatique, et même toute espèce de littérature, autrement que comme une série d'amusettes, et la volonté bien arrêtée d'être, avant tout, des amuseurs !

Et c'est pour cela qu'on les a pris, du reste. C'était justice. M. Ponson du Terrail a le malheur d'être venu le second, dans une époque sans enthousiasme, et pour cette raison il n'a pas encore, malgré *Rocambole*, la gloire fixée de M. Alexandre Dumas, le populaire! M. Dumas, né dans une époque exaltée, a été acclamé par elle comme le plus amusant des écrivains français, et il faudra peut-être qu'il nous ennuie cinquante ans avant de nous faire comprendre qu'il n'amuse plus. Amusant! Quelle gloire pour un amuseur! Pourquoi demanderait-on, d'ailleurs, à l'auteur de la *Reine Margot* une visée plus haute que celle qu'il a atteinte?... Quand on ne conçoit le drame et l'histoire que comme de grands châteaux de cartes qu'il s'agit de construire et d'équilibrer, on ne doit que médiocrement se soucier de la ressemblance des cartes dont on se sert avec les figures qu'elles représentent. Les progrès de l'art du théâtre ne permettent pas, je le sais bien, en matière de costume, l'indifférence des badigeonneurs de cartes à jouer qui peignent également, dans la même défroque, Alexandre, David, César, Charlemagne, quoiqu'ils appartiennent à des époques assez éloignées où il n'était guères possible de suivre la même mode et d'avoir le même tailleur; mais à cela près de ces différences de costumes, pour lesquels il y a au théâtre spécialement des dessinateurs, M. Alexandre Dumas ne s'est pas plus inquiété de la ressemblance de ses personnages dramatiques avec ceux de l'histoire qu'ils expriment, qu'un peintur-

lureur de cartes à jouer. Allez ! demandez-lui, à ce
mélodramaturge de la *Reine Margot*, un Charles IX
fortement réel ou splendidement idéalisé, comme
celui de Balzac, par exemple, qui nous l'a fait si
beau, si fatal, dans son roman de *Catherine de Médicis !* Demandez-lui une Catherine de Médicis, je
ne dirai pas comme celle de Balzac, qui est une
erreur, mais une erreur sublime, comme ce créateur — le Génie ! — en commet parfois, et qui
vraiment, ici, nous l'a faite trop grande et trop auguste dans le mal... Le Charles IX de M. Alexandre
Dumas n'est, lui, que le polisson enragé de Voltaire et de Marie-Joseph Chénier ; il n'est que le
tyran poncif qui, depuis 1572, tire toujours par la
fenêtre sur son peuple, et rend par la peau, à la fin
des pièces, le sang des Huguenots *qu'il a bu !* Et
Catherine, sa Catherine, à M. Dumas, ce n'est plus
cette Médée à froid, qui n'aime que le pouvoir
dans ses enfants ; cette mère, car elle l'était ! dont
l'ambition fit une marâtre et peut-être une infan-
ticide. Ce n'est plus cette sombre Abbesse de la
Royauté, qui a le temps d'être dissolue entre deux
hypocrisies, cette figure tellement complexe, tellement profonde, qu'on ne l'a pas pénétrée encore,
et qu'elle vous fait l'effet d'un Sphinx nouveau,
dans l'Histoire, sous son bonnet de velours noir
à trois pointes ! La Catherine de Médicis de
M. Alexandre Dumas est la Catherine des idées

communes, une Catherine quelconque, qui hante les tireuses de cartes de son temps, tripote des poisons dans le fond d'une armoire, va de son buffet qu'elle ouvre au coin de son feu où elle s'accroupit, et qui, surprise dans ce ménage de portière de crimes, ouvre elle-même sa porte et dit qu'elle vient de brûler des paperasses... pour cacher l'odeur d'arsenic! Y a-t-il plus bas, y a-t-il plus ignoble que cette façon de nous peindre une grande figure?... Et c'est ainsi de tous et pour tous, dans ce mélodrame de la *Reine Margot!* M. Alexandre Dumas n'y prend jamais le Préjugé historique sur ses deux vieilles pattes, quoique la Critique de ces derniers temps les ait pourtant coupées, pour l'empêcher d'aller plus loin. Ce simplificateur historique de M. Dumas, voulez-vous seulement savoir comme il procède, costumes à part, en matière de *couleur locale?*... Il ramasse, par exemple, dans les Mémoires du temps, tous les jurons imputés à Henri IV ou à Charles IX, et il les lâche dans des phrases évidemment d'hier ; il en poivre des tartines exclusivement XIXe siècle. C'est ainsi qu'il va toujours au facile, — au détail qui traîne partout, — à l'à peu près, — négligeant tout ce qui est d'intérêt majeur pour ne s'occuper que de la laborieuse construction du château de cartes qui est sa principale affaire, et de la manière de le mettre et maintenir debout, sans qu'il croule, pendant cinq actes et quatorze tableaux !

III

Mais, pour cela, que ne fait-il pas?... On doit le reconnaître : il fait tout ; car il n'est pas fier, cet inventeur. Il appuie son château de cartes à toutes les rubriques connues ou inconnues des mélodrames, à tous les artifices grossiers, à toutes les conventions usées. Vous trouvez dans sa *Reine Margot* le costume en double, cette mascarade digne des théâtres forains, qui fait prendre un homme pour un autre. L'imbroglio par le costume, le plus élémentaire, le plus primitif des imbroglios ! Vous y trouvez les cachotteries derrière les rideaux, et aux portes ces *écoutes*, non plus *s'il pleut*, comme on dit des moulins, mais *si on parle*. Vous trouvez, après la confusion des personnes, la confusion du sens des lettres de l'alphabet : la lettre M, qui signifie « Marguerite », et à laquelle on fait dire « Mort », sur cette fameuse statuette d'envoûtement qui, parparenthèse, est celle d'une femme, et que Charles IX prend, comme un benêt qu'il est, pour celle d'un homme !

Vous y trouvez, à la fin de la pièce, par suite des doubles costumes, employés deux fois, car M. Dumas se pille lui-même, la mort de M. de Mouy, tué pour Henri de Navarre, comme vous avez trouvé, dans la pièce, Charles IX empoisonné pour Henri de Navarre encore, à l'aide du livre de chasse que Charles IX intercepte dans les mains du duc d'Alençon. Vous y trouvez, enfin, la rubrique du chien, qui révèle le poison et qui crève pour avoir gobé une page de ce livre de chasse, plus facile à gober pour lui que pour nous, — pour nous, à qui on croit faire avaler ces longues ficelles, semblables à des cordes à puits ! C'est pourtant ces misérables *trucs* que les bûches de la Critique dramatique appellent *l'art des planches*, et qui ne sont guères qu'une succession de trous faits dans les planches pour s'en aller, quand l'auteur est embarrassé et qu'il se sent pris dans la pince de quelque situation difficile. Pour moi, ces choses, que les peleurs d'oranges ou de pommes doivent admirer, constituent le dernier genre de talent dont un homme puisse se vanter, s'il l'ose... Ce n'est pas avec cela qu'on est jamais Shakespeare. On pourrait l'être, néanmoins, si à travers ces trappes à niais on jetait, à poignées, du génie, de la passion, du cœur humain, de la découverte et du style ! Mais quand il n'est rien de tout cela, quand il n'y a pas dans tout ce mélodrame, qui dure cinq heures, un

seul mot qui vienne du cœur ou qui y retourne,
une seule phrase où l'esprit vibre comme une flèche
qui passe, un seul cri qui atteste que dans l'ordre
sensible le coup a porté, on n'est pas Shakespeare.
On ne l'est tout au plus que pour les yeux, — les
yeux enfants ! On n'est plus que le Shakespeare de
l'amusette, qui, pour les hommes, finit par être
bien ennuyeuse, l'amusette ! Et si, par-dessus tout
ce qui manque à cette *Reine Margot*, qui n'est
qu'une Margoton de pièce, vous y trouvez, en fait
de style, de ces manières de s'exprimer, en parlant
d'une auberge : « *La maison est* FLATTEUSE, *cependant ;* » quand des gentilshommes, c'est-à-dire les
gens les mieux élevés de France, qui n'avaient
pas même besoin d'être élevés du tout, lâchent à
chaque propos des : « *Ah ça ! mais savez-vous, vous !* »
ou : « *Ça m'en a tout l'air !* » ; quand un duc d'Alençon, entrant chez la reine Catherine de Médicis, lui
dit : « *Pardon, je vous dérange,* » ce qui m'a rappelé
le vers de M. Augier dans son bonhomme Forestier,
que « CELA DÉRANGE... *d'être appelé Michel-
Ange !...* » ; quand Annibal de Coconnas dit si fièrement : « *Lorsqu'on m'a dit, n'importe dans quelle
langue : Ne crains rien ! cela a toujours voulu dire :*
GARE DESSOUS ! » le mot de l'ouvrier parisien sur un
échafaudage ou sur une échelle ; quand le même
Coconnas, qui, dans l'intention de l'auteur, est le
gracioso de la pièce, n'a pas d'autre drôlerie spi-

rituelle que : « *C'est drôle!* » qu'il répète comme si
c'était drôle vraiment ; quand La Môle, ce *bravo*
romanesque de La Môle, qui joue sa tête et qui la
perd pour un baiser, quand elle sera coupée, parle
à Marguerite de Navarre du *vague désir des choses
ignorées qui lui effleu. aient le cœur* avant de la
connaître, et lui joue de ce turlututu de 1830,
alors, je dis qu'on n'est *plus même* le Shakespeare
des gamins de Paris et de l'amusette !

Mais un Shakespeare-Pradon...
Ou un Shakespeare-Trissotin ! !

IV

C'est la preuve de cette vérité — assez mélancolique pour M. Dumas — que ces imprudentes reprises vont faire aujourd'hui... Elles vont se retourner contre sa gloire, cette gloire dans laquelle
il vivait comme dans de l'esprit-de-vin ; car, de
talent, il était mort depuis longtemps, M. Alexandre
Dumas. Seulement, il avait oublié de se faire enterrer, et on va l'enterrer maintenant pour le dé-
terrer et le réenterrer à chaque reprise de toutes
ses pièces. Voilà ce que je crains pour lui ! Ce que
je crains encore, ce sont les oraisons funèbres...

Celle de sa pièce, la *Reine Margot*, sera bientôt
faite. Si les costumes de cette pièce historique, qui
n'est qu'une pièce à costumes, n'étaient pas plus
frais et plus neufs que les inventions qui l'animent
et la prose dont elle est écrite, il n'y en aurait pas
un qui ne fût en guenilles. Il n'en resterait pas une
loque, grande comme la main, pour faire une
feuille de vigne à la nudité de l'acteur. Mais ras-
surez-vous, messieurs et mesdames! la Gaîté a
taillé dans le satin et dans le velours. Les costumes, puisque tout est costume ici, ont été correctement exécutés. Il y en a plusieurs de charmants.
Par exemple, celui de La Môle, blanc et cerise, —
de Henri de Navarre, quand il a les chausses grises,
— et du duc d'Alençon, bleu ardoise, d'un effet
très distingué et très doux. Toute la question est
de savoir comment les gens de la Gaîté portent ces
costumes, certainement les plus noblement élégants
que jamais l'humanité ait portés sur la Terre...
Qu'ils aillent aux Musées, ces acteurs, comme des
peintres qu'ils devraient être, plus ou moins, d'instinct, et ils le sauront... Ils apprendront là le
secret d'art des grandes démarches et des idéales
attitudes...

Dumaine, assurément beaucoup mieux dans
Coconnas que dans cet inepte Ferragus des *Treize*,
quoique toujours trop prépotent de ventre pour les
rôles de jeunes héros aimés des belles, a montré

de la souplesse et de l'aisance, et presque de la
rondeur, malgré les habitudes déclamatoires de sa
voix. Il était digne, hier, d'être plus spirituel
dans son rôle de Coconnas, et c'est la faute de
M. Alexandre Dumas s'il ne l'a pas été... Je n'en
dirai pas autant de Lacressonnière, le Montriveau
de l'autre jour que j'ai trop retrouvé. De son torticolis ordinaire pendait quelque chose que j'ai pris
pour une Toison d'un or douteux au premier acte,
et qui lui tombe bien désagréablement sur les
genoux quand il est assis. Il faudrait remplacer
cela. Il a joué violemment Charles IX, et avec une
violence trop contenue. Certes ! il était violent, et
d'une violence terrible, ce forgeron de roi qui fen-
dait l'enclume d'un seul coup de marteau quand
la colère tendait ses muscles ; mais il était doux
aussi et mélancolique, par moments, car il était
poète. Il se détendait comme une corde de harpe,
et c'est ce Charles IX, poétique et détendu, que
j'aurais surtout voulu voir... Henri de Navarre,
qu'on ne reconnaît dans la pièce que parce qu'il
répétaille l'éternel et inévitable : *Ventre-saint-gris!*
est joué sans verve, sans entrain et sans bonhomie (et il en fallait tant dans le rôle, puisque
M. Dumas n'en avait pas mis !) par Lemaître, — un
nom sous lequel on reste écrasé, quand on ose le
porter ! Qu'il s'appelle l'Écolier, à la bonne heure !
et qu'il travaille pour ses succès futurs. Angelo

— un débutant (m'a-t-on conté) — faisait ses premiers pas dans la candeur de son délicieux costume blanc et cerise, et son talent, encore voué au blanc, ressemblait à son habit candide ; mais le relevé de cerise, qui ne manquait pas à l'habit, manquait au talent. Tels ont été les acteurs. Les femmes, qui, dans le médiocre et le moyen, sont plus facilement comédiennes que les hommes, ne les ont pourtant pas surpassés.

Madame Lacroix a joué mollement et platement son personnage de Catherine de Médicis et de scélérate *à la douzaine*, qui sent plus sa cour d'assises que la cour de France. Mademoiselle Essler... Que m'avait-on dit de mademoiselle Jeanne Essler ? Mademoiselle Essler devait être une Marie Dorval en herbe, et dont l'herbe était enchantée comme la verveine des fées, et tremblait si convulsivement au souffle de la moindre émotion qui passait sur elle ! Mademoiselle Essler, cette Mignon qu n'avait pas encore trouvé son Gœthe, ce talent mystérieux, bohémien, capricant, étrange, dont on m'avait parlé, c'était donc un conte ?... Je n'ai vu en elle qu'une comédienne de voix grêle, de prononciation grêle, sans netteté de diction dans sa manière de prononcer la fin des mots, de tournure grêle, toute en coudes, comme cette Cybèle qu'on représente toute en mamelles ; ayant dans le fourreau de son corsage des mouvements de dos qui lui donnent cette affreuse chose qu'on appelle d'un affreux nom : une *mauvaise dégaine*. Voilà la jeune personne à qui on a confié ce rôle de Marguerite de Navarre, la Divine, chantée par Ronsard! celle que les poètes disaient née d'une perle prise à la conque de Vénus. Avec ce physique contradictoire au personnage qu'elle devait faire, il aurait fallu du génie pour que mademoiselle Essler pût s'en tirer. Aussi ne s'en est-elle pas tirée, mais y est demeurée tout de son long. Elle a joué comme une petite fille qui veut *faire sa grande*. Elle a eu des affectations de dignité que n'ont pas les princesses, des manières de donner sa main à baiser avec des ronds de bras! la seule chose ronde de toute sa personne, mais qui l'était trop. Mauvaise dans le calme, je l'attendais dans la passion et dans l'orage. Je croyais à une revanche dans la passion ; mais la passion ne l'a pas secouée de cette main invisible et puissante qui nous tient par les cheveux, comme Persée tenait la Gorgone! Et quand, dans le fameux passage où Marguerite, d'entraînement, de folie de cœur, enlace tout à coup la tête, qui sera coupée, de La Môle, à genoux devant elle et lui demandant de la baiser après sa mort, et qu'elle la baise... de son vivant, ah! j'ai pensé à cet autre baiser que madame Dorval mettait sur la tête de son fils, devant Chatterton, par un change sublime! et j'ai cherché là madame Dorval, madame Dorval en herbe, même sans être enchantée! en pointes d'herbes toutes simples! Je ne l'ai pas trouvée. Mais ne les verrai-je donc pas percer, ces petites pointes d'herbe, un jour?

C'est mademoiselle Céline Montaland qui tenait le rôle de la duchesse de Nevers. Mademoiselle Montaland, très jolie, a introduit le vaudeville dans l'*escadron volant* de la Reine. Elle a joué son rôle de duchesse de Nevers spirituellement, mais trop en demoiselle du Palais-Royal; et c'est pour cela que les peleurs d'oranges l'ont applaudie comme la meilleure actrice de la pièce. Seulement, il y a encore un acteur qui a eu plus de succès que mademoiselle Montaland. C'est le chien.

Vous vous rappelez?... Le chien qui mange la page du livre de chasse avec lequel Charles IX s'empoisonne, parce qu'il a, ce roi de France! l'habitude de tous les goujats, quand les goujats savent lire, de mouiller, avec sa salive, les pages d'un livre pour les tourner! Eh bien, ce chien a passionné la salle, dans le genre pathétique, bien mieux encore que mademoiselle Montaland dans le genre gai!... Il y a même un moment où tout le monde, à l'orchestre, se levait pour le voir, dans un mouvement de curiosité inexprimablement attendrie. C'est quand Charles IX, presque à quatre pattes comme un chien lui-même, farfouille sous la table, couverte du tapis, sous laquelle le chien est allé

crever, et nous fait cette magnifique nosographie
de vétérinaire : « L'œil vitreux, la langue rouge,
étrange maladie! Près du papier, dans la gueule,
l'enflure est plus violente, la peau est rongée
comme par du vitriol... » Ah ! impression délirante!
On voulait voir cela. Les cous se tendaient, s'allon-
geaient; les croupes se soulevaient... La salle fris-
sonnait et haletait. J'ai cru qu'elle allait aboyer de
sympathie. Elle semblait avoir été louée par la Société
protectrice des animaux. Vaincu par l'ennui qu'on
m'avait versé dans cette grande calebasse de nègre
toute la soirée, je m'en suis allé avant la chute du
rideau. Mais pas de doute qu'ils n'aient demandé
et rappelé le chien! Pour moi, j'en ai pris les
quatre pattes, pour me sauver!

LA GRANDE

SIFFLERIE DU VENGEUR

LES GRANDES DEMOISELLES
COMME ELLES SONT TOUTES (1)

———

Vendredi, 13 mars 1868.

I

Comment se fait-il qu'un théâtre ait l'impertinence de continuer à jouer une pièce sifflée, — mais
sifflée comme, le 7 du mois courant, l'a été le *Vengeur?*... Il y a sifflets et sifflets. Il y a les sifflets
individuels, hardis, spirituels et solitaires. Puis
les clairsemés, qui n'y tiennent plus, et finissent
par partir et enfin par vibrer, fort et ferme; puis
encore les gais, les plaisants, les gamins! — puis

1. *Nain jaune.*

les solitaires de l'autre bout, les pudiques, les honteux qui se risquent timidement, et semblent, dans
leur coin de salle, déconcertés d'être partis. Mais
les sifflets du *Vengeur*, c'étaient des sifflets d'un
autre caractère! Massifs, étoffés, longs et larges,
nappe de bruit déferlant sur la salle entière et la
couvrant comme un dais de moqueries. Je n'en ai
jamais entendu de plus aigus, de plus continus, de
plus magnifiques! C'est dans cette tempête, bien
plus que sous le canon des Anglais, que le *Vengeur*
s'est abîmé. Eh bien, pareille sérénade n'a pas suffi
à M. Hostein! Rien ne peut l'abîmer, lui ! ! Il y avait
de quoi percer le tympan à la direction la plus
sourde parce qu'elle veut le moins entendre. Il y
avait de quoi faire tomber à ses pieds les oreilles
même de M. Hostein ; mais, étonnez-vous! elles
n'ont pas bougé, elles sont restées, bouchées et
immobiles, à leur place, comme celles des Idoles du
Psaume *In exitu Israel de Egypto*. Au lieu de re-
tirer sa pièce, humblement et au plus vite, comme
il le devait, et de laver et de frotter bien proprement la place où cela est tombé, croyez-vous que
M. Hostein maintient obstinément cette infection
au nez du public, et qu'il croit le dépraver assez en
ses organes pour qu'il souffre, ce public imbécille,
auquel on impose par son effronterie même, ce
que, mordieu! il n'a pas souffert cependant le jour
de la première représentation.

Ce jour-là, — il faut lui rendre cette justice, car ce n'est pas tous les jours cette fête, — le public a été spirituel et sensé comme s'il n'eût été qu'un seul homme. L'avait-on pourtant assez travaillé? L'avait-on manipulé? L'avait-on *entraîné?*... L'avait-on excité? Lui avait-on fait avaler toutes les cantharides de la curiosité et jusque de la passion politique?... Quel coup certain — croyaient-ils — que cette idée du *Vengeur!* Comme c'était avantageux et commode! On n'avait pas même besoin de talent pour avoir du succès. On mettrait sa bêtise sous le couvert de l'Histoire, et l'Histoire est si belle qu'elle la couvrirait! Mais toutes ces combinaisons ont été renversées sous une avalanche de sifflets... Patatras!!! Ni ces noms, qu'on croyait pleins d'applaudissements, de Convention et de République; ni tous les souvenirs évoqués d'une époque qui passionne toujours les imaginations et les âmes, et sur lesquels on avait insolemment compté, n'ont pu sauver cette pièce du *Vengeur.* Les sifflets, qui, ce soir-là, n'étaient d'aucun parti, ont été implacables. Ils ont commencé avec la pièce et ils ont fini avec elle.

Certes! cela pourrait être beau d'être sifflé ainsi, mais à la condition d'avoir du génie. Ici, ce n'était pas le cas : ce n'était que juste. Après l'exécution de cette justice, l'odieuse spéculation, qui n'est qu'avide, respectera peut-être les sujets qu'elle est incapable de traiter. Elle renoncera peut-être à battre du tambour de la réclame, comme elle en a battu, ces jours derniers, pour faire venir tout Paris entendre de telles inepties... Elle n'osera peut-être plus se moquer de l'Histoire ; car c'est se moquer de l'Histoire que d'attacher aux plus nobles choses qu'elle raconte ces queues de papier barbouillé qui n'en font plus que des polissonneries théâtrales... Et encore, les polissonneries peuvent être spirituelles ; mais celle-ci ! ! !... Il n'est point de parade au Cirque, ce théâtre aux chevaux, qui ne soit plus spirituelle que cette pièce à héros du Châtelet ! Et ce n'est pas tout. En tant que bête, même en tant que bête, elle est encore ratée ! D'ordinaire, un des mérites de la bêtise est d'être transparente. Ici, la bêtise est obscure. On n'y comprend rien. Impossible de se reconnaître dans cet abominable fatras. Les tableaux, qui — disait-on — devaient être splendides, n'y sont que d'une exactitude éclopée et de la plus plate vulgarité. Ils ont fait, par exemple, de la Déesse Raison une Cérès, et lui ont donné pour char le char du Bœuf Gras, alliant ainsi la Halle au Blé à la Boucherie. Ils ont — on se demande pourquoi ! — barbouillé de rouge les galeries de bois du Palais-Royal, et fait porter les habits marron des Pères nobles de toutes les vieilles comédies aux amiraux de la République Française.

Ils ont enfin transformé en descente générale de la Courtille les Marie-Joseph Chénier, les Villaret-Joyeuse, les Sieyès, les Bon-Saint-André, les Méhul, toutes ces figures sérieuses et imposantes jusqu'à eux ! Le ballet lui-même a été aussi commun que le Pont-Neuf sur lequel il se danse. Le ballet, pour lequel tout public français a de *petites entrailles* et de petits libertinages d'indulgence, n'a pas arrêté une minute l'ouragan de sifflets déchaîné dans la salle, et dont le vent, devenu formidable, aurait fait marcher le vaisseau *le Vengeur*, avec ses canons ! Ils ont dansé au sifflet. Danse nouvelle ! La première danseuse (a-t-on dit), trop sensible à cette musique, qui n'a pas entamé M. Hostein, est tombée dans une attaque de nerfs, et on l'a emportée dans la coulisse, où elle a dû danser — mais non plus sur ses petits petons — la danse Saint-Guy de l'amour-propre au désespoir.

Rien donc, rien, n'a suspendu la furie de cette *sifflerie* féroce et méritée. Elle a continué, toujours se suraiguisant, jusqu'après le tableau final, cette *merveille*, avaient corné les Chroniqueurs, ces trompes trompeuses et trompées, ces cocus trop souvent des nouvelles qu'ils annoncent. Dernière déception, dernier craquement de la débâcle ! On a reconnu la *merveille* pour un vieux vaisseau qui avait déjà servi...

Le croira-t-on ? Ils ont osé nommer les deux auteurs qui ont osé faire cette honteuse pièce. Moi, j'aurai la modestie qu'ils n'ont pas eue. Je ne les nommerai pas. D'ailleurs, seuls, les Frères Provençaux, auxquels la pièce fait une réclame, ont intérêt à demander le nom de ces messieurs, pour leur offrir, de reconnaissance, un abonnement à leur table de restaurant.

II

Tiens ! C'est donc aujourd'hui le jour des Directeurs de Théâtre ? Je viens de vous parler de M. Hostein, le directeur du Châtelet, à propos du *Vengeur* sifflé ; laissez-moi vous parler maintenant de M. Montigny, le directeur du Gymnase, à propos des *Grandes Demoiselles*, qui ont dû réussir, si j'en juge par la seconde représentation de ce soir. Je n'étais pas à la première et vous allez savoir pourquoi. En fait d'outrecuidance directoriale, il y a mieux encore que M. Hostein, qui veut imposer, de guerre lasse, au malheureux public, les pièces qu'il a le plus outrageusement sifflées. Il y a M. Montigny, qui veut, lui, imposer à la Critique elle-même ce que M. Hostein ne veut imposer, du moins, qu'au public.

III

On m'avait pourtant dit que M. Montigny était un
habile homme, et je ne m'y opposais pas. Un habile
homme, quand il est directeur de théâtre, peut
vouloir à tout prix, dans son cœur et ses reins, que
je ne sonde pas, oh! non, la prospérité de son
théâtre, qui est sa vie... Il a devant lui bien des
difficultés, le pauvre diable. Il a surtout devant lui
la Critique, une diablesse plus gaie et plus maligne
que lui ; la Critique, qui a le droit de se lever devant
toute œuvre et de l'examiner d'un esprit libre. Il
peut se faire sur la Critique, qu'il désirerait peut-
être bien séduire, le directeur de théâtre, des idées
plus ou moins biscornues et des espérances plus ou
moins impertinentes ; mais si c'est réellement un
habile homme, il n'emploiera jamais vis-à-vis d'elle
de ces procédés élémentaires, grossiers et stupides,
comme celui qu'à deux reprises différentes M. Montigny a employé avec nous.

Deux fois il nous a refusé la place qu'il nous fallait pour le juger!

Déjà, il y a peu de temps, une première fois, cette
place de la Critique au théâtre, cette place qui est

le droit de tous ou qui n'est celui de personne, avait
été refusée au *Nain jaune,* et si vous vous le rappelez, nous en avions pris acte joyeusement... car
si nous sommes le *Nain jaune,* nous ne rions jamais
jaune. Nous sommes gais dans le deuil des pièces
que nous ne voyons pas! Nous ne savions pas alors
au juste, mais déjà nous entrevoyions que ce refus
n'était pas une simple précaution contre l'indépendance du *Nain jaune* en faveur spécialement de
M. Gondinet (il s'agissait d'une de ses pièces), une
petite balustrade autour de ce poulet sacré qu'on
élève de présent au Gymnase, et dont l'envergure
n'en brisera pas la cage. Mais aujourd'hui un second refus indique un système. Évidemment la
stalle nous a été refusée parce que nous aimons la
justice jusqu'à la coquetterie, et que nous l'avons
prouvé au Gymnase... Un employé naïf a révélé le
secret de la maison et de son maître :

« Les places — a-t-il dit, ce brave homme à la
lèvre innocente, — sont pour les amis! Il est trop
juste, — il a poussé le raisonnement confirmatif
jusque-là! — il est trop juste (*sic*) qu'elles soient
pour les amis! »

IV

Eh bien, ce n'est là qu'une place de moins, —
et ce n'est pas un article de moins, comme vous
voyez (et c'est pourquoi c'est bête) ! — mais ce sera
une question de plus, une question de fait et de
principes, que je veux aujourd'hui poser. J'attache-
rai ce grelot, mais d'autres que moi mettront peut-
être en branle de grosses cloches. Il y a longtemps
que cette question des places données aux journaux
par les théâtres me préoccupe ; il y a longtemps
que j'incline pour la suppression générale de ce service abusif, et que je voudrais voir signer : « *six
francs* » tous les articles de critique théâtrale. Quel
bon disque à leur jeter entre les deux yeux, que ces
six francs-là ! Mais tant que ce système des places
données aux journaux existe encore, je ne veux pas
qu'on le retourne contre nous. Je veux qu'on sache
nettement et positivement si ces places accordées,
semblait-il, jusqu'ici, aux journaux pour les premières représentations, en *échange* de la publicité
qu'ils créent, sont — oui ou non — des corruptions
détournées et des petits achats d'indépendance ?...
Sont-elles — oui ou non — de la petite monnaie

pour les mains basses, qui ramassent tout ? Y a-t-il
un traité plus ou moins secret, une connivence plus
ou moins tacite entre les Directions qui donnent
ces places et les Critiques qui les reçoivent ? La
Critique que j'appelais dernièrement la Critique à
relations serait-elle pis ou mieux que cela ? Serait-
elle la Critique à gages, et à si piètres gages ?... Et
le mot de l'employé de M. Montigny l'euphémisme
aimable du pouvoir qui paie, et qui est assez bon
prince pour ne pas vouloir déshonorer ceux qu'il
a payés ?...

Sur mon âme, je ne le crois pas ! — mais je n'en
pose pas moins la question comme si j'y croyais,
parce qu'il importe, puisqu'on l'embrouille, que la
chose soit tirée au clair. Je la pose, et j'y reviendrai, s'il le faut, parce qu'il importe à tous les critiques de théâtre de ne pas recevoir la gifle que
vient de leur allonger aujourd'hui le Directeur du
Gymnase. Oui ! une gifle qui veut être, je le sais
bien, une petite tape d'amitié sur la joue, mais la
pire des gifles, celle de la familiarité. Parmi les
Critiques de théâtre, je ne pense pas qu'il y en ait
un seul qui veuille recevoir sans mot dire et garder
cette tape d'amitié ! un seul qui soit flatté d'être
un ami, appointé d'une stalle au Gymnase ! un seul
qui veuille prendre sur sa tête, ainsi honorée, la
responsabilité de ces sentiments reconnus par des
stalles et numérotés comme elles ! un seul enfin

qui, de critique dramatique, veuille descendre jusqu'à n'être plus qu'un claqueur d'orchestre parmi
cette nouvelle espèce de *chevaliers du lustre : — les
chevaliers du lustre de l'amitié !*

V

Cela dit pour M. Montigny et pour l'employé
dépositaire de la pensée de son gouvernement, pas-
sons à la pièce de M. Gondinet.

D'abord cet acte peut-il s'appeler une pièce ?...
M. Gondinet fait dans le petit, et c'est pour cela
qu'il a réussi et qu'il réussira longtemps au Gymnase. Il a ce dont les femmes qui vont au Gymnase,
et même les autres aussi, raffolent : le petit, qu'elles
traitent toujours de gentil. Taillé pour entrer dans
des dessus de porte, grands comme des cartes à
jouer et où les arbres sont lilas dans des horizons
jaune clair, M. Gondinet est la virgule de Scribe.
Il a le talent de son nom. Ce n'est pas un gond,
non ! c'est un Gondinet. Il s'appelle Gondinet,
comme Poinsinet, l'auteur du *Cercle* (un petit
cercle !), s'appelait Poinsinet ; mais Poinsinet était
plus gros (de talent, — bien entendu, — j'ignore
le reste !), et M. Gondinet aurait fait le *Cercle* plus

14.

petit. Sa pièce d'hier n'est pas même une pièce comme il les fait d'ordinaire. C'est un prétexte à exhibition de jolies femmes et de robes, conseillé peut-être par M. Montigny ; un spectacle un peu moins voyant et un peu moins cassant que ces grossiers spectacles à ophtalmies dont les yeux et le goût ont assez. Mais ôtez les robes, et les femmes, et leurs épaules, et leurs mignardises, et leurs chatteries, et le papotage de leur jeu, qui font toujours des *effets* aux hommes rassemblés, lesquels deviennent tous ridiculement des petits jeunes gens en regardant et écoutant ça... vous n'avez plus rien du tout, mais ce qui s'appelle rien du tout !...

Je me trompe. Tout n'est pas fumée rose dans les *Grandes Demoiselles* en petit, il y a des phrases comme celle-ci, bien malhonnête pour ces charmantes jeunes filles qui jouent des filles *comme il faut* et qui sont obligées de dire : « La robe n'est pas le côté important du mariage. » Une *robe* qui est un *côté important !* Pauvres filles, quel *côté* dans le mariage croient-elles donc *important ?*... C'est là ce qu'on appelle le style chaste dans le petit théâtre adoré de la bourgeoisie française, qui, heureusement parfois, ne comprend pas toujours ce qu'elle dit. Le comique de cette pièce de paravent est dans une méprise — selon moi ! — invraisemblablement grossière. Un accordeur de pianos est pris pour un marquis, et un vicomte (vicomte ou marquis, ce m'est tout un !) pour un accordeur de pianos. C'est fort, drôle, neuf et agréable, n'est-ce pas? Ajoutez à cette donnée enfantine les tics et les répétitions comme : *c'est amusant ; j'en aurai pour huit jours ; ma parole d'honneur !* ou bien : *je ne puis pas dire cela devant des demoiselles !* et vous avez tout le secret des enchantements, béats et béants, d'une salle chatouillée dans ce qu'elle croit l'esprit en elle, et qui avait l'air de voir jouer la comédie pour la première fois.

Les acteurs ont été bons, comme on l'est dans des rôles sans importance, faciles à enlever ; même Victorin et Porel, mais surtout Pradeau, qui a grotesquement barboté dans l'immense vulgarité de son physique, de sa voix, de ses mains, de son habit noir et de la boule qu'il a pour tête, et qui faisait l'accordeur de pianos que ces jeunes filles, à sept qu'elles sont, en mettant leurs sept petits nez les uns au bout des autres, n'ont pas flairé une seule fois ! Et si je dis que les acteurs ont été bons, je ne le dis pas des actrices. Dans cette heptarchie de jolis minois qui régnait sur la salle, il n'y avait que des mines ! les mines que les hommes aiment à voir faire aux femmes, quand elles sont entre elles, et toutes les femmes un peu jolies peuvent faire ces mines-là. Pas une n'a montré, et n'a pu montrer, du talent ; car enfin le talent ne peut être que l'expression de quelque chose. Madame Fromentin, qui faisait la pauvre fiancée *plantée là*, et qui, par parenthèse, avait trop de rouge pour tant de chagrin, signifiait bien plus par elle seule que par ce que M. Gondinet lui faisait dire. On l'aimera *pour elle-même*. Hélas ! je crois que c'est elle qui a été obligée de prononcer la phrase infortunée que j'ai citée plus haut, et qu'elle doit *exiger* de ne plus dire, au nom de l'honneur de ses lèvres. Mademoiselle Massin, que je n'avais pas encore vue au Gymnase, ne m'y a montré que son visage, — une charmante place pour le talent, quand il pourra venir, sans que M. Gondinet, qui ne l'apporte pas, s'en mêle ! Mademoiselle Chaumont... Oh ! ma foi, mademoiselle Chaumor', la petite sultane favorite des petites gens de ce petit théâtre, et de format pour entrer juste dans M. Gondinet, a été, non plus la *gnan-gnan* que j'ai déjà signalée, mais un appareil de *gnan-gnan* très compliqué et très supérieur. On ne tirebouchonne pas la grimace mieux que cela ! Enfin, mademoiselle Pierson et mademoiselle Angelo, bêtifiées par M. Gondinet... Mais elles avaient vécu pour moi, il n'y avait qu'un moment, dans la pièce précédente, dans la pièce qui ne bêtifie pas les actrices, de cet homme d'esprit léger et vif qui s'appelle Charles Narrey !

Cette pièce, petite aussi, mais accentuée, — une papillote comme Talleyrand en mettait à sa maîtresse, — s'appelle : *Comme elles sont toutes !* et c'est tant pis, mais c'est bien gai ! Et mademoiselle Pierson et mademoiselle Angelo y sont... Je vais dire ce qu'elles y sont. D'abord, mademoiselle Angelo y est très belle, et même spirituelle. Elle n'a pas le menton relevé pour rien, *caramba !* Mais, vraiment, elle *charge* trop. Si jeune, elle charge comme une vieille comédienne ! Puis, elle chante comme Bressant, l'autre jour, chantait dans *Don Juan*. Ne chantez pas tant, mademoiselle. Parlez-nous avec cette voix qui vibre, — cette voix de votre menton, — et vous verrez que nous vibrerons à notre tour ! Quant à mademoiselle Pierson, j'ai déjà dit que l'actrice éclosait dans la femme. Eh bien, elle est éclose, dans *Comme elles sont toutes !* Ses yeux de velours, des abîmes de douceur, s'emplissent du feu du talent, et ce feu descend sur toute cette personne que j'ai accusée (et c'était vrai alors) de froideur. Le fourreau me semblait trop épais. Mais la lame est sortie ! Bravo, Narrey ! qui l'avez fait sortir !

GLENARVON (1)

---

20 mars 1868.

I

Je sors attristé de cette reprise, car c'est moi qui suis pris... Je m'attendais à quelque beau spectacle, à une confirmation éclatante du succès d'il y a trente ans. Nul, dans la salle, n'y comptait et ne le désirait davantage. Nul, plus que moi, n'y affirmait carrément la vigueur du robuste talent de M. Félicien Mallefille. Robuste, il l'a été ce soir encore. Jamais on n'a *cordé* plus énergiquement cette tresse compliquée d'événements qui s'entrelacent et font ce drame de *Glenarvon;* mais je l'aurais voulu plus faible! C'est César, dans Shakespeare, qui dit languissamment, en parlant de Cas-

1. *Nain jaune.*

sius, je crois, ce maigre et pâle stoïque qui l'inquiète : « Je le voudrais plus gras ! » Moi aussi, j'aurais voulu, au milieu de toute cette force dure et tendue et qui m'étreint trop, de M. Mallefille, en cette pièce de ses vingt ans, une lassitude, un relâchement, une faiblesse qui eût de la grâce et nous eût permis de respirer une minute sous cette étreinte de faits et de surprises qui finit par tout étrangler, même l'intérêt... Certes ! ce drame, qui n'avait guères plus de vingt ans quand il fut joué pour la première fois, a tous les défauts de ce bel âge... Ce drame de Puritains, écrit par un puritain à vingt ans, — et vous savez comme on est puritain à vingt ans, quand on l'est ! — cela devait être affreux... et cela l'est. Voilà le grand mot lâché. Mûri et surtout élargi par la vie, l'auteur des *Sceptiques*, auquel nous avons tant applaudi l'autre jour, doit sourire un peu, dans sa barbe et son expérience, de son drame de ce soir.

Dans la tristesse froide de ce spectacle et de cette soirée, la seule chose qui nous console, nous ! et nous met à l'aise pour être juste, c'est la considération et la certitude que les années ont apporté à M. Félicien Mallefille des accroissements, des étendues et même des souplesses, qui l'ont complété. C'est que, comme un homme qui monte d'un bâtiment sur un autre bâtiment plus haut, plus vaste, plus aéré, l'auteur des *Sceptiques*, transbordé du drame dans la comédie, cette grande œuvre d'observation tardive, jette probablement le même regard que nous sur une œuvre hâtive de sa jeunesse, où, en vrai jeune homme qu'il était, il ne se préoccupait que de montrer qu'il avait du muscle, en faisant saillir ses biceps !

Et les a-t-il fait assez saillir ! A-t-il assez joué de ces pesants haltères du drame, qui faussent ou cassent les poignets sans solidité ! Mais aussi, en cette juvénile et fière coquetterie de sa force, a-t-il songé à autre chose qu'à être un dramaturge puissant d'effet, de surprise, de péripétie, de tout ce qui constitue, à proprement parler, l'organisme du drame, — cette œuvre par elle-même étroite, mais qui, pour un esprit ardent, ressemble à ce qu'en équitation on appelle *la danse entre les deux piliers?* L'auteur de *Glenarvon* et des *Sept infants de Lara* est un autre noueur d'événements et de difficultés, à la scène, que M. Victor Hugo et même que M. Alexandre Dumas. Il a cette *poigne* du dramaturge que le premier peut dédaigner du haut de son langage, surtout quand il s'exprime en vers, et que le second n'a pas le droit de dédaigner, car si vous la lui ôtez, — et vous pouvez la lui ôter, — il ne lui reste à peu près rien ! M. Félicien Ma   lle, dès ses débuts, fut immédiatement classé parmi ceux qui entendaient le mieux la complication sévère d'un drame. Il tordait avec ses tenailles et martelait ce fer mieux que qui que ce fût... Littérairement, il ressemblait à l'armurier de la *Jolie Fille de Perth*, cet honnête et brave garçon qui fait de si fortes cuirasses et des cottes de maille si drûment tricotées qu'il est impossible de les traverser. Mais, préoccupé de ces armures, qui jouent si merveilleusement dans leurs charnières, il oubliait parfois de couler, en ces armatures qui semblaient des hommes, comme dans *Eviradnus* de la *Légende des siècles*, justement l'homme, — l'homme de chair, d'os et d'âme qu'il fallait y mettre. Vice du temps, du reste ! Vice de ce temps où M. Mallefille était jeune, et où ceux-là qui avaient insulté l'âme racontée des vieilles tragédies, pour le corps du drame qu'il fallait toujours voir, prenaient perpétuellement le dessus de l'homme pour le dessous !

II

Et c'est là la faute de ce *Glenarvon* que nous venons de voir. Certes ! (et je l'ai dit déjà), ce n'est pas le pathétique qui vient par l'arrangement des circonstances, par les rencontres, par les vis-à-vis, par ces combinaisons de choses funestes dont le

dramaturge est le destin, — ce n'est point ce pathé-
tique-là qui lui manque. Non ! mais c'est le pathétique de la nature humaine ; c'est la verité de
l'homme et de la société dans laquelle ces choses
funestes s'accomplissent. *Glenarvon*, ou les *Puritains* de 1661 ! Mais sont-ce bien là les Puritains
de l'Histoire comme seulement Walter Scott, qu'on
lisait beaucoup, dont on s'inspirait beaucoup du
temps de la jeunesse de M. Mallefille, nous les a
peints en quelques-uns de ses romans ?... Un nom
est déjà une évocation ; le costume en est une
autre : mais un chapitre de la Bible lu sur une
table de prison, et des : *Dieu me soit en aide !* ici et
là, ne constituent pas tout le puritanisme de 1661,
et je crois que le plus puritain de tous ces Puritains c'est encore le jeune auteur, dont le style
roide, sans couleur, sans image, est plus puritain
que celui des puritains eux-mêmes, qui s'embra-
saient dans leur langage des violences brûlantes de
la Bible, et s'empourpraient du feu des prophètes !
Et Charles II ?... Est-ce bien là Charles II, le beau
corrompu sans entrailles, mais non pas sans grâce,
et, ce qui est le plus rare chez les corrompus, non
pas sans bonhomie ! Et sa cour, où est-elle ? cette
cour que les *Mémoires du chevalier de Grammont*, ce
Tacite à la légèreté plus terrible que la profondeur
de l'autre, nous ont peinte dans un hideux pastel ;
cette cour qui était à Charles II comme la carapace de

ses vices, et qui ne le quittait jamais. Le Charles II
de *Glenarvon* est le roi des Cavaliers, comme les
Glenarvon sont des Puritains! Tous ces gens-là ne
sont pas plus de l'histoire anglaise que de l'histoire allemande. Il y a là un roi amoureux, un
ministre insolent, une mère qui rachète la vie de
ses enfants au prix de son honneur, des frères jaloux l'un de l'autre ; mais tout cela n'appartient à
aucune histoire, à aucune époque déterminée. Et,
s'ils ne sont d'aucune société, ils ne sont pas beaucoup plus dans l'humanité ; car un homme, pour
nous intéresser et nous entrer dans l'âme, est toujours quelqu'un, et tous ces gens-là ne sont personne qu'un roi amoureux, un ministre insolent,
une mère qui rachète ses enfants avec son honneur,
et des enfants jaloux ! ! La passion même qu'ils expriment est une passion abstraite, que rien n'indi-
vidualise ; c'est la passion tirée de leur situation,
non de leur âme ! Et voilà pourquoi ces situations
qui parlent au lieu d'âmes qui devraient parler, et
tous ces faits entre-choqués, je le veux bien, avec
puissance, ne produisent sur nous qu'un effet de
fatigue et d'accablement matériels, au lieu de l'émotion animée et spirituelle qu'ils devraient produire ;
et nous n'avons plus alors que des sensations de
cariatides, à la place de sentiments d'êtres sympa-
thiques qui partagent des peines, et non des far-
deaux !

III

Telle a été la sensation générale de ce soir,
parmi les quelques esprits de bonne volonté qui
étaient venus là pour écouter, — pour juger cette
œuvre de M. Mallefille, remis en pleine lumière par
son succès des *Sceptiques.* Les autres, — la masse,
— le public inférieur qui remplissait la salle,
échappait de toutes parts à ce drame de *Glenarvon*,
riant aux endroits les plus pathétiques, dans les
intentions de l'auteur, devenus incompréhensibles
dans une époque devenue, à son tour, blagueuse,
gouailleuse, sans foi aux choses élevées. Ainsi,
tout ce qui pensait ou pouvait penser dans la
salle était morne, — attentif et morne, — et tout
ce qui ne pensait pas, bruyant et insolent. Les
Puritains du XVIIe siècle, devant les gamins du
XIXe, n'avaient pas beau jeu ! Il est même douteux
que les gamins eussent été domptés par des Puritains réels, par des Puritains autres que des Puritains d'étiquette... Ce drame, qui, du reste, aurait
dû être écrit en vers, comme tout drame, — car la
Poésie seule peut parler les sentiments devant la
poésie de l'action, et c'est pourquoi Shakespeare

lui-même interrompt sa prose pour parler en vers,
dans ses pièces, quand l'action devient intense,
forcenée ou terrible ! — ce drame en prose cor-
recte, mais trop sèche, je l'ai dit, et puritain jusqu'au langage, a été interprété par des puritains...
de talent, qui se gardent bien d'en avoir un peu
comme d'un péché ! Mademoiselle Suzanne Lagier,
— la duchesse de Glenarvon, — qui, du sein
d'une éléphantiasis superbe, élève un beau cou
romain et plein de noblesse, lequel va être, hélas !
envahi par toute cette chair qui monte et déformé
par les fanons de l'avenir, a des moments qui
m'ont rappelé mademoiselle Georges, mais mademoiselle Georges vue par le trou d'une bouteille et
dont la voix aurait été dans la bouteille ! Engoncée
dans une robe bleue bellement laide, et de taille trop
courte pour cacher, je crois bien, un ventre qui se
prélasse trop et dont on voudrait diminuer la pré-
lature, elle étalait sur l'azur de sa robe deux bras
positivement *fleur de pêcher*. Ce n'est pas la première fois que je remarque ces sortes de bras (pein-
turlurés sans doute) au théâtre. Autrefois on les
avait et on les portait blancs. A présent, c'est rose-
de-Chine. Comment les portera-t-on dans dix ans?...

La fille du ministre Lord Campbell, miss Clary,
jouée par mademoiselle Decap-Petit, m'a fait l'effet
d'un charmant petit jeu d'osselets quand elle est en
scène avec cette terrible Suzanne Lagier, dont la

corpulence peut, ma foi! bien faire paraître pointues les plus rondelettes. Dans tous les cas, elle
joue avec l'âme et la voix des osselets qu'elle a
l'air d'être, et qu'elle n'est peut-être pas... Aux
derniers actes, elle porte le deuil du père de son enfant, qui n'est pas son mari, en lilas de la plus
douce nuance... Il paraît que quand il ne s'agit
que d'un père d'enfant, non mari encore, c'est
comme cela que les actrices intelligentes, qui
jouent les filles de grande race, entendent le deuil
à la Porte-Saint-Martin. Quant aux hommes, De-
laistre est la déclamation devenue momie; Laray,
la déclamation bien portante; et Charly, le Charles II,
un costume vraiment *Stuart*, tout blanc et velours
bleu de roi. Mais ne pouvait-on pas nous le donner,
ce délicieux costume, sur l'X d'un porte-manteau?
on en eût joui sans trouble. Le plus mauvais parmi
tous ces mauvais, c'est encore Brésil, qu'on vantait autrefois. Il fait Lord Campbell, mais quel
lord! Il est affublé d'une affreuse perruque rousse,
à laquelle il ne manque qu'une queue rouge pour
être celle de Jocrisse, et il apparaît aux premiers
actes dans un costume vert agaçant, avec un man-
teau rouge et jaune qui ressemble à un tapis. C'est
le cacatoès des saltimbanques. Vous sentez bien
qu'un acteur qui se costume ainsi joue comme il
est mis. Était-il malade? mais sa voix était éraillée.
Quand il jouait avec madame Suzanne Lagier, ils

ressemblaient tous les deux à deux ventriloques dans l'embarras.

Ils ont dû y mettre M. Mallefille. Seulement, comment y est-il resté? Pour avoir accepté des acteurs pareils, qui feraient culbuter un chef-d'œuvre dans cette difficulté d'une reprise, il n'a donc pas assisté aux répétitions?...

LES PARISIENS DE LA DÉCADENCE (1)

————

27 mars 1868.

I

Il y a des moments où le désir qu'on a d'être juste fait fléchir, bien à tort, les observations de toute la vie. J'ai commencé de connaître M. Théodore Barrière par le *Crime de Faverne*. Que n'avais-je pas entendu dire de cet auteur dramatique, qui a ses partisans et même ses fanatiques, — ce qui ne prouve, du reste, absolument rien ! Le *Crime de Faverne*, — si M. Théodore Barrière y a trempé, dans ce crime abject ; s'il n'a pas, comme font parfois les grands seigneurs dramatiques, laissé tout faire à M. Léon Beauvallet, quitte, en bon prince, à mettre son nom, comme une aigrette, sur la tête

1. *Nain jaune.*

15.

de cette obscurité ; — le *Crime de Faverne* est une de ces pièces accusatrices qui disent nettement : L'homme qui a fait cela ne PEUT PAS avoir de talent! Le talent, en effet, est une chose qui tient tant à une manière particulière de concevoir, de sentir et d'exprimer la vie, qu'il est radicalement impossible qu'un homme de la conception, du sentiment et de la langue du *Crime de Faverne*, en ait jamais, soit dans le passé, soit dans le présent, soit dans l'avenir. Ceci est absolu. Voilà ce que disait en moi tout ce que je sais et du talent et de la vie, mais ce que je cherchais à étouffer, l'autre jour, dans mon désir effréné d'être juste, quand je suis allé écouter ces *Parisiens de la décadence :* — la plus *forte conception du siècle*, comme l'a dit un ami, que l'amitié aurait rendu fièrement impertinent pour son siècle, s'il avait dit vrai.

Mais il n'a pas dit vrai. — Les *Parisiens de la décadence* sont justement tout le contraire d'une conception forte. Je les trouve meilleurs, certainement, que le *Crime de Faverne*, pensé de compte à demi avec M. Léon Beauvallet, ce conscrit, et même que le *Papa du prix d'honneur*, avec M. Labiche, ce vieux soldat à chevrons, qui doit prendre garde aux Invalides! Mais ce n'est pas même une conception du tout. Une conception implique, pour mériter ce nom, ou une idée nouvelle puissamment exprimée, ou une idée ancienne dont on a

tiré des conséquences ou des combinaisons qui la
rendent frappante pour les esprits que, réduite à
elle-même, elle ne frapperait plus. Or, la conception de M. Théodore Barrière, dans les *Parisiens
de la décadence*, est vulgaire, comme les discours
qu'on nous faisait faire quand nous étions en rhé-
torique. C'est le philosophe Diogène, Antisthène,
ou tout autre, tombant parmi des corrompus qui
boivent et versent, et qui leur fait de la morale, en
la soulignant d'insolences ! Nous avons tous fait ce
discours-là, et il n'a pas duré quatre actes.

Heureusement pour nos professeurs !

Et encore notre Diogène, à nous, restait Diogène.
Il aboyait dans son tonneau ; mais il ne buvait pas
au tonneau des autres. Tandis que le Desgenais de
M. Barrière, ce Diogène brossé en habit noir, *camarade* avec le champagne des drôles auxquels il
fait la leçon, — une leçon déplacée et ridicule que
ces messieurs, d'une bêtise créée naïvement par
M. Barrière, écoutent sans le cribler d'épigrammes
sanglantes ou, selon l'humeur, sans le jeter à la
porte, avec leur botte vernie... où vous savez bien !

II

Alceste, lui, ne fourre pas délibérément son talon rouge et son bas de soie jusqu'à la jarretière dans la boue. Alceste est un bonhomme ridicule et sublime, violent, mais du monde et du plus grand monde, d'un comique animé de boutades charmantes. Les marquis, — ces marquis dont un est si bien joué quand Mirecour le joue avec un accent et un air auxquels les sourds-muets du feuilleton du lundi n'ont jamais assez rendu justice, — les marquis rient de lui, mais ils ne sont pas tenus à plus que d'en rire. Mais le Desgenais de M. Barrière, cet Alceste d'une sociéte trop lâche pour produire des misanthropes, n'est jamais bonhomme. La bonhomie est pour les grands seigneurs ou les grands artistes, jamais pour les bourgeois ! C'est un de ces honnêtes gens, Desgenais, nés usuriers et qui veulent que la vertu rapporte, et qui se rejette à la vertu parce qu'il a l'estomac faible et n'est pas de poumon à respirer largement le vice, trop anémique pour faire un coquin. « Ah ! — disait le sage Franklin, dont la sagesse m'a toujours fait l'effet d'un vol *à l'américaine*, — si les fripons savaient le profit qu'il y a à être honnête, ils le seraient tous par friponnerie. » Telle est l'honnêteté de Desgenais. Voilà pour le fond ; mais, pour la forme, c'est bien pis encore. Or, la forme est tout pour les Bridoison du parterre, et pour faire passer le moraliste Desgenais, sans investiture pour prêcher, après boire, la morale sans Dieu des bourgeois, il faudrait au moins l'expression charmante, chaude, enlevante et divinement endiablée de Figaro.

Oh ! Figaro, ce n'est pas Desgenais ! Oh ! M. Théodore Barrière, ce n'est pas Caron de Beaumarchais, à la belle tête, aux cheveux roux d'or, chatoyant sous leur vague nuage de poudre, cette tête qu'à la beauté seule Lavater aurait jugée digne de renfermer le soleillant esprit qui lui faisait une auréole ! Desgenais a de la réplique, c'est la vérité. Voilà le charitable sou que la critique peut mettre dans la sébile de M. Barrière ; mais voici ce qui va rogner tout à l'heure ce sou de la charité : La réplique de Desgenais est âpre et âcre et toujours commune, toujours de la plus brutale vulgarité. Si M. Barrière le contestait, nous citerions. J'aime la force, même vulgaire, disait l'idéal lord Byron, mais il s'en accusait comme d'une faiblesse ; il ne s'en vantait pas. C'est là, en effet, un goût à cacher dans un coin. Il aimait aussi les servantes, ce merveilleux pair d'Angleterre. Mais le Desgenais est pis que vulgaire. Je l'ai déjà dit, il *fait l'artiste* et il n'est que bourgeois ; c'est un bourgeois d'esprit raisonneur et frondeur, dont les mots, photographiés, ont déjà été dits, dans sa société, et déjà entendus ! A cela près de deux à trois peut-être, ils passent devant vous sans vous donner le plaisir de la surprise ou la surprise du plaisir... Vous les connaissiez.

Et si vous mettez dans cette pièce, qui a la prétention — remarquez-le bien ! — d'être une pièce à *caractère ;* si vous mettez de côté le Desgenais, — cette création de M. Barrière, dont il est si heureux et si fier qu'il en a fait son Bas-de-Cuir théâtral et qu'il la reproduit plusieurs fois à la scène, — et que vous preniez la comédie elle-même, faites-moi l'honneur de me dire ce que vous trouvez... Vous trouvez que cette comédie, qui va pendant quelque temps sur les larges pieds connus de toutes les comédies et se tient debout, s'effondre tout à coup. Il y a une fuite dans le mur !

Vous trouvez que la chose finit par s'en aller absolument en bouillie, — la bouillie d'une conversion qu'il est impossible d'expliquer. Il y a, en effet, un personnage, entre tous, dans les *Parisiens,* qui fait repoussoir à Desgenais en lui résistant plus que les autres. C'est un ancien marchand enrichi, qui s'appelle Martin, et qui est, assurément, la meilleure photographie de la pièce. Eh bien, car tout finit et doit finir, dans les comédies et dans la vie, quand M. Barrière en a assez de son *factotum* de moralité, de son Figaro prosaïque et lourd et pédant, voilà que, subitement, il amollit et escarbouille ce têtu de M. Martin, l'enrichi de la pièce et du temps, qui semble n'avoir qu'une pièce de cent sous dans la poitrine et une autre pièce de cent sous dans la cervelle, ce qui, en tout, ne fait pas dix francs d'esprit et de cœur ! Voilà que, sans prévenir, sans préparation d'aucune sorte, sans transition, sans nuance, sans vraisemblance, il en fait un homme attendri, pénétré, fondant et fondu de tendresse pour la jeune fille dont il avait pris d'abord l'héritage ; et l'escarbouillement inouï et éclaboussant de ce bonhomme, qui sonnait sec, il n'y a qu'un moment, comme un jeu de dominos sur la table d'un café de la rue des Bourdonnais, n'est pas seulement une faute comme on en commet dans toute pièce, mais c'est, positivement, une incompréhensibilité.

Il faut, certes ! pour se permettre un tel non-sens, compter beaucoup sur ce qui s'escarbouille moins que le caractère de M. Martin, — la solidité de la jocrisserie du public !

III

Ce rôle de M. Martin est joué, du reste, à merveille par Delannoy, le premier des acteurs dans cette pièce, qui y est excellent de cette vérité qu'on coudoie, mais que bien des myopes, qui ont leur coude dans l'œil, coudoient sans la voir. Le chapeau, qui ressemble à un appareil de sauvetage ; la redingote olive, le pantalon chocolat, toutes les denrées coloniales en costume ; les souliers, dans lesquels nagent les grands pieds de ce pied plat, ces souliers (escarpins) dans lesquels on porterait du mortier aux maçons du quatrième étage ; tout cela est choisi par un artiste observateur, qui sait que le costume, c'est la parole avant que l'acteur ait parlé ! J'ai connu autrefois un diable d'homme qui n'était pas de la *spécialité* commerciale de M. Martin, car il avait, lui, gagné ses quarante mille livres de rente dans les jus de pruneau et les confitures, et j'ai cru le revoir sous le jeu évocateur de Delannoy ; j'ai cru le revoir long, étroit, hétéroclite, emphatique, froid comme une crémaillère à laquelle on ne suspend rien, et bègue de colère, quand il se mettait en colère, jusqu'au point de se liquéfier dans la résistance, et de faire une pluie fine de sa colère et de son bégaiement qu'il envoyait au nez des gens ! Delannoy l'aurait-il, par hasard, rencontré ?... Seulement, mon confiturier, à moi, avait une habitude, une impayable habitude depuis qu'il s'était enrichi, laquelle, malheureusement, manque au Martin de M. Barrière, et dont Delannoy aurait tiré un grand parti si elle avait été dans son personnage. C'était de mesurer avec un mètre en bois qui ne le quittait jamais, et qu'il portait dans une poche à portefeuille, étroite et longue comme un fourreau de parapluie, la grandeur des pierres dont sont faites les maisons. Quand il était fatigué de les mesurer à Paris, il s'en allait les mesurer gravement à Londres ou à Berlin, faisant intérieurement des calculs dont personne n'a jamais su la portée ! Il est mort bien mal à propos, ce fort bourgeois, car M. Haussmann aurait renouvelé ses études. Mais que Delannoy soit glorieux de me l'avoir ressuscité !

Félix, qui jouait Desgenais, Félix qui a un moule dans la voix, ou plutôt dont la voix est un moule d'où tout ce qu'il dit sort — non pas mal, — non pas *faux*, — mais exactement de la même manière, devrait se rappeler (car il a dû le voir) la façon vibrante, l'éclair, le coup de pistolet de la réplique, quand Monrose la donnait dans ce rôle à paf ! paf ! du retentissant Figaro ! Les coups de pistolet des répliques de M. Barrière ne sont guères, je le sais bien, que des coups de pistolet bourrés avec de la filasse; mais c'est pour cela que l'acteur, s'il est plus fort que son auteur, et il doit l'être, est tenu d'y mettre l'acier de son jeu. Dans la fameuse scène du souper, qui finit le premier acte, et de ces *toasts* insolents qui devraient faire casser son verre avec les assiettes des soupeurs, si les soupeurs n'étaient pas plus plats que les assiettes, Félix, au lieu de jouer impétueusement et vite (car il s'expose) et de leur darder ses mépris avec la violence d'une averse, s'amuse à faire le majestueux, le beau bras, le *lantipon*, dirait Molière, et par là il augmente le froid de ce souper, froid comme tous les soupers à la scène... excepté deux pourtant, et parce qu'ils ne veulent pas être gais, mais terribles : le souper de Banquo dans *Macbeth*, et du Commandeur dans *don Juan*. Quant au costume, si bien étudié par Delannoy, Desgenais n'étant qu'un habit noir moderne Félix ne pouvait s'en donner le bénéfice; mais pourquoi a-t-il ce pantalon, d'une largeur qui n'est nullement exigée par son rôle ? S'il n'est pas cagneux, il est inexcusable. Une femme enceinte s'y cacherait.

Tous les autres rôles sont accessoires. Mais Saint-Germain a eu des mouvements d'entournure comiques, dans ce rôle de gandin qui s'appelle Gandin (trait d'esprit fameusement difficile à trouver, monsieur Barrière !), et Abel, au doux nom de victime, qui joue le fils du comte de Préval, est bien tombé aux pieds de sa mère quand il est revenu de son duel. C'était si bien, et si *nature*, que je me demande s'il a recommencé le lendemain !... Parade n'a eu guères que la moitié d'une scène dans un rôle ingrat, le comte de Préval.

Pour les femmes... Dois-je en parler ? Ou dois-je m'en taire ?... D'abord, sont-ce des femmes? Ou des poupées ? Les bustes de la vitrine du coiffeur du théâtre ?... Ont-elles des yeux d'émail? des mouvements à ressort?... Des palais de coton où mue le ver à soie d'une voix qui ne sortira jamais de ce coton?... En ont-elles d'ailleurs?... Sont-elles plus que des robes qui marchent? Il y en a une verte, assez jolie... Les meilleures huîtres sont vertes. Ici, ce n'était que la coquille qui l'était. Mon Dieu, il y a pourtant, au faubourg Saint-Germain, des femmes de chambre qui porteraient, aussi bien que ces demoiselles du Vaudeville les robes de leurs maîtresses, et qui, à cela près de quelques *pataquès*, joueraient peut-être mieux !...

IV

Voilà donc, telle que j'y ai assisté, la reprise de ces *Parisiens de la décadence*, — qui pourraient bien en être une autre — décadence. La dernière venue dans cette danse macabre de reprises, lesquelles font des théâtres une vallée de Josaphat, qui vomit ses morts, elle n'a pas été accueillie avec enthousiasme, si ce n'est par une seule personne, mais, celle-là, bien passionnée ! ! C'était une femme, — ah ! c'est toujours une femme ! — une femme entre deux âges et penchant même davantage vers le second, qui, de la baignoire au fond de laquelle elle se baignait de volupté dans la prose de M. Th. Barrière, n'a cessé de ponctuer tous les rôles de la pièce avec des « *C'est joli ! oh ! que c'est joli !* » flûtés d'une voix maigrelette de serinette amoureuse. Tout le temps qu'a duré la pièce, la serinette n'a pas cessé de se pâmer ; cette admiratrice tenace, cette sensitive de l'esprit, toujours en exercice, vaut, à elle seule, tout le public que n'a pas eu M. Barrière... Il y a là de quoi être bien modeste... ou bien orgueilleux.

LE ROI LEAR (1)

***

Vendredi, 10 avril 1868.

I

Cette première représentation, à laquelle je viens d'assister, avait pour le public, et surtout pour moi, plusieurs intérêts les uns sur les autres. D'abord il s'agissait du *Roi Lear... Ego nominor Leo!* un des chefs-d'œuvre de cet arbre aux chefs-d'œuvre qu'on appelle Shakespeare. Ensuite, c'était un essai d'acclimatation sur la Scène française du plus vigoureux produit du génie anglais. Essai qui était aussi une reprise, dans ce temps de reprises... à laisser ; car cette tentative qu'on recommence a été déjà faite, et plus d'une fois, et, par parenthèse, elle a toujours échoué. Nous dirons tout à

***

1. *Nain jaune.*

l'heure comment et pourquoi. Enfin, c'était aussi une question et une expérience. La question de savoir si, dépravé comme il l'est par les pièces-à-spectacles, le public de ce pays-ci était encore intellectuellement assez vivant pour revenir à des pièces humaines, observées, *pensées*, écrites, littéraires. Or, en tant qu'on voulait faire cette expérience, on avait bien fait de choisir Shakespeare ; car qui crée la vie peut la ressusciter. En tant qu'on voulût galvaniser le goût littéraire qui semble mort, on avait bien fait de choisir une pile de Volta de la force de Shakespeare... Et, d'ailleurs, Shakespeare n'est pas seulement un des plus grands génies dramatiques qui aient existé : son théâtre, tout humain qu'il soit, est aussi, d'essence, un théâtre à spectacles ; mais à spectacles qui ont le droit d'être, à spectacles justifiés ! On ne fait rien par rupture, mais tout est possible avec des transitions, et, pour nous ramener au vrai humain et littéraire, le théâtre de Shakespeare était certainement une des plus heureuses et des plus *emboîtantes* transitions qu'on pût employer.

Seulement, il fallait jouer Shakespeare ! Il fallait le jouer franchement, bravement, *intégralement*. Il fallait — rien n'était plus simple — prendre le *Roi Lear*, par exemple, traduit par M. François-Victor Hugo, et le mettre à la scène tel qu'il est traduit, dans son mot-à-mot intelligent et sonore, sans diminution de l'œuvre, — sans réduction, — sans atténuation. Toute traduction n'est qu'un plâtre, — nous le savons bien ! — mais ce plâtre, c'est le visage de l'œuvre prise sur le vif. Si ce n'est pas la vie, c'est la forme au moins de la vie, la seule chose qui puisse passer d'une langue dans une autre, et Shakespeare, hors du texte anglais, ne peut être que cela ! Mais cela est magnifique encore. L'imagination prend ce plâtre, l'achève et l'anime. Les poètes traduits sont peut-être ceux-là qui nous font le plus rêver, parce qu'ils sont les moins complets, les plus inachevés... C'est à eux que s'applique la théorie de Lessing dans son *Laocoon*, cette théorie adorablement séduisante et profonde, qui m'a toujours donné la sensation d'une vérité. Prendre donc Shakespeare — mais Shakespeare ! — traduit *mot à mot*, sans rien changer aux formes de son drame et dans la prose nécessaire à toute exacte traduction, et le faire jouer par des acteurs qui auraient eu le sentiment de Shakespeare, était une expérience à faire, excellente dans les circonstances actuelles, et à laquelle nous aurions, de toutes nos forces, applaudi.

Mais ce n'est pas ce que la direction de l'Odéon a fait ou a voulu faire. Elle nous a donné, pour une raison ou pour une autre, le *Roi Lear* arrangé par M. Jules Lacroix, — c'est *dérangé* qu'il fallait dire ! — comme le même Odéon — sous une autre direction — nous avait déjà donné le *Macbeth* de M. Émile Deschamps, dont l'acteur Ballande avait été le Beauvallet.

Coups d'épée dans l'eau que de telles pièces, arrangées par de telles mains ! On les écoute attentivement, par respect pour ce grand nom de Shakespeare ; quand un tronçon d'idées ou de sentiment marqué à cette griffe de Shakespeare, dont l'empreinte résiste à la faiblesse des traducteurs, roule par hasard dans cette poésie campistronesque, — car MM. Deschamps et Lacroix ne sont guères que les Campistrons du Romantisme, — on salue, on tressaille, on reconnaît le membre coupé, — *membra poetæ disjecta*. Mais le flot revient de l'alexandrin insupportable, morne, somnolent, sans azur, sans transparence et sans écume, et on sent alors quelle immense étendue de médiocrité noie et emporte au loin ces tronçons de beauté rompue et dispersée ! On trouve cela triste, de voir une chose si grande que l'œuvre de Shakespeare la proie d'écrivains si petits, et on est presque tenté de s'écrier, dans l'indignation de sa pensée :

A bas les pattes ! On ne tripote pas dans Shakespeare !

II

A cette sottise, du reste, bien des causes. En
premier, disons-le : la fatuité française. Nous ne
voulons pas être une si simple chose que des traducteurs... Le traducteur s'efface. Nous ne voulons, nous, sous aucun prétexte, nous effacer. Et
quand je dis nous, c'est le génie français que je
veux dire. Un traducteur, — quelqu'un a rimé
cette plaisanterie, — c'est le valet qui suit son
maître. Dans ce pays-ci, on aime mieux être un
mauvais maître qu'un bon valet. Or, le maître,
quand il s'agit de Shakespeare, c'est celui qui se
donne les airs de le corriger, de l'interpréter, d'en
prendre ceci, d'en laisser cela, de l'adapter au
goût français par exemple... la phrase est connue.
Prétention, vue fausse, et ridicule immense ! On
comprend que tout cela pût se produire et s'affi-
cher, sans trop de honte, quand nous vivions sous
l'empire des anciens préjugés classiques tels que
nous les avaient laissés le xviie et le xviiie siècles ;
mais après 1830, après les théories éclectiques et
impersonnelles de 1830, après le besoin de couleur
locale et le respect de l'originalité qu'a développés

1830, accepter qu'on puisse modifier, corriger, châtrer et remanier Shakespeare, c'est, ma parole la plus sacrée ! d'impertinence, d'insolence et d'aveuglement, — prodigieux !

Les meilleurs ont cru cependant que c'était possible. Est-ce qu'Alfred de Vigny n'a pas remanié *Othello ?*... Est-ce qu'il ne l'a pas *arrangé* pour les grêles et grelottantes proportions du Théâtre-Français ?... Alfred de Vigny, un des princes du romantisme : — ce n'en était pas le Prince Noir, mais le Prince Blanc, charmant et lumineux ; — Alfred de Vigny, ce Virgile avec le Paradis en plus, crut qu'il pouvait toucher de l'extrémité de ses fins doigts d'albâtre à cette œuvre de Shakespeare, faite, comme l'humanité, de sang, de larmes, de boue et de flamme ! Il essaya... mais son *Othello* n'est qu'un nègre en ivoire... Débarbouillé de sa grossièreté saxonne, d'une si furieuse énergie, l'*Othello* de Vigny ressemble trop aux vignettes des *Keepsakes* de ces prudes anglaises, qui disent vous savez quoi des *inexpressibles*, et se cachent pour manger une aile de poulet.

Je ne comparerai pas, certes! à Alfred de Vigny, ni M. Émile Deschamps, qui, lui aussi, voulut mettre ses élégances françaises à la place des rudesses saxonnes de Shakespeare, ni M. Jules Lacroix, qui, du moins, n'a pas le maniérisme de M. Deschamps, et dont le langage — je l'ai très écouté ce soir — a une fermeté souple qui fait peut-être de lui le meilleur et le plus habile, quant au mot, de ces remanieurs et *raboutisseurs* de Shakespeare. Alfred de Vigny, en essayant de faire entrer sa grâce chaste et sa beauté pure dans l'*Othello*, ressemble à une jeune fille des jardins d'Armide qui voudrait revêtir l'armure non pas du jeune Renaud, mais du farouche Argant, et M. Émile Deschamps — oh ! M. Émile Deschamps ! — à un Apollon, c'est-à-dire à M. Apollon, coiffeur, qui essaie de mettre des papillotes aux crins rebelles d'un sanglier.

M. Jules Lacroix vaut certainement mieux, pour faire ce qu'il veut faire, qu'Alfred de Vigny lui-même et que M. Émile Deschamps. Il n'a pas la délicieuse personnalité de l'un et la minceur madrigalesque de l'autre. Il est plus mâle. Et si je dis qu'il est plus mâle, ce n'est pas que je pense aux soixante volumes de romans qu'il a écrits. Dans un temps de fausses couches faciles comme celui-ci, ce n'est plus un signe de puissance que la fécondité Mais son vers, nerveux souvent, ne balbutie ni ne tâtonne.

M. Jules Lacroix est un versificateur exercé. Exercé dans la tragédie pour son propre compte, il est l'auteur du *Testament de César* et de *Valeria*, qui eut l'honneur d'être jouée par mademoiselle Rachel. C'est, de plus, un versificateur exercé pour le compte des autres, qui a aiguisé et assoupli son vers sur la pierre dure des traductions. Avant de traduire et de remanier le *Roi Lear*, il s'était essayé sur *Macbeth*. Il avait aussi traduit Juvénal et l'*Œdipe-Roi* de Sophocle : — un prix de dix mille francs. Quel fier sacre pour un poète, aux yeux des bourgeois ! de ces bourgeois qui, pour l'heure, nous aumônent la gloire, et à qui on veut donner, avec tous ces remaniements de Shakespeare, une idée du grand Anglais qui ne hérisse pas trop leurs bonnets de coton sur leurs têtes... Et, ma foi ! soyons sans inquiétude. Après plusieurs représentations comme celle de ce soir, ils pourront fort bien croire, les bourgeois français, que Shakespeare était quelque chose, dans son temps, comme le Ponsard de l'Angleterre !

III

Et de fait, vous figurez-vous bien ce que peut devenir le *Roi Lear* sous la plume de M. Jules Lacroix ?... Le *Roi Lear*, ce monde fourmillant du *Roi Lear*, d'où le goût de M. Lacroix ou sa soumission au goût public, dont il respecte la bassesse ou dont il caresse la lâcheté, a retranché du premier coup

Gonerille, Régane et Cordélia ; car, si leurs noms et leurs costumes sont là encore, leurs personnages réels n'y sont plus. M. Lacroix a éviscéré, étripé, vidé, comme des cadavres, ces grands rôles des deux filles parricides qui se renvoient leur père sous l'outrage comme un mendiant méprisé, et de la troisième, à la pitié divine, repoussoir de lumière céleste à ces Ténébreuses de l'Enfer ! Ce ne sont plus là que trois pâleurs, trois maigreurs et trois anémies, un trio qui rappelle, ô exiguïté ! Cendrillon et ses deux mauvaises sœurs. D'Edmund, du bâtard effroyable, aimé avec une passion si .physiquement effrénée des deux sœurs parricides, et qui est le démon exterminateur — comme tout ce que nous aimons, h'las ! — de l'une et de l'autre, pas un mot ! pas un geste ! une larve encore plus effacée que les larves grimaçantes des trois sœurs. Au lieu de ce Fou du Roi qui est toute la sagesse, toute l'ironie de Shakespeare, au lieu de ce fou qu'on a comparé au Chœur antique, sublimement individualisé, vous n'avez qu'un Elespuru ou un Gramadoch de bas étage, un porteur de marotte maigrelet, aux plaisanteries épointées.

Enfin, le Roi Lear lui-même, ce vieillard à l'esprit hébété et au cœur durci, pour avoir fait trop longtemps son métier de Roi, et que ce justicier de Shakespeare fait tomber d'une imbécillité colossale dans une colossale folie sous les coups de l'ingratitude ; Lear n'est plus, sous la plume amincissante de M. Lacroix, qu'un benêt, sot comme le beau-père dans les *Deux gendres*. Toutes les proportions du drame de Shakespeare ont disparu.

Selon moi, ce rôle de Lear, qui touche presque à l'absurde et à l'impossible, et dont l'invraisemblance humaine n'est sauvée que par les miraculeuses ressources du génie de Shakespeare, apparaît ici dans une netteté d'invraisemblance qui interrompt la pitié... C'est ainsi qu'avant Alfred de Vigny, avant M. Émile Deschamps, car je ne compte pas la traduction épouvantée de Le Tourneur et la singerie d'Othello en Orosmane de Voltaire, ce qui était déjà arrivé à Ducis, ce premier coupeur, ce premier châtreur de Shakespeare, sous l'Empire, recommence aujourd'hui scandaleusement avec M. Jules Lacroix, près de soixante ans après l'Empire. Et l'homme au couteau d'aujourd'hui, qui traite Shakespeare, l'herculéen, comme un enfant de chœur de la chapelle du Pape, et qui le tronque et l'eunuquise pour le plaisir des bourgeois français... oui ! l'homme de cette opération dégoûtante et meurtrière n'est plus Ducis, en qui, du moins, palpitaient les entrailles d'un poète, et qui avait Talma et son génie pour cacher le forfait de ses mutilations.

Non ! ce n'est plus Ducis ; c'est M. Jules Lacroix ! Et ce n'est plus Talma non plus ; c'est Beauvallet !

IV

Eh ben, Beauvallet est ici aussi insuffisant que M. Jules Lacroix lui-même. J'ai ouï dire à gens qui ont connu et pratiqué Beauvallet au théâtre, que c'était un homme très intelligent et qui travaillait immensément ses rôles; mais de ses travaux, de ses études, il n'est jamais sorti cette unité profonde, souple et multiple, qu'on appelle le grand acteur. Il a cependant un geste et une voix qui ne lui ont pas coûté un sou, comme dirait Sterne. Deux beaux dons naturels! Un geste net et noble, et une voix qui est un tonnerre de cuivre, comme la voix de Talma (bien plus belle) était, elle! un tonnerre de velours. Seulement, ce geste rectangulaire de bas-relief décrit toujours la même ligne, et cette indomptable voix sans variété, qui n'a que deux ou trois notes rigides, éclatantes, déchirantes, devient fausse quand il veut l'attendrir. Très seyante à Angelo, par exemple, dans le drame de ce nom, cette voix messied au vieux Lear, brisé par l'âge, l'ingratitude, la royauté, la folie, et jusque par les éléments, comme si tout dans la création physique et morale avait charge de l'écraser! Les marbres

et les airains ne pleurent que dans les vers des
poètes. Beauvallet, comme acteur, n'est pas assez
poète pour faire pleurer l'airain de sa voix. Il essaie
bien de la briser, mais l'organe est plus fort que sa
volonté et lui résiste, et c'est alors que, désespéré,
il a recours à ces hoquets, — singes des sanglots,
— et qu'il piaule, comme un chien à la lune. Assez
imposant dans le calme, et puissant de courroux
dans la colère, Beauvallet est inférieur à lui-même
dans la partie principale de son rôle, — cette folie
que Frédérick sait jouer si tragiquement dans le
Crime de Faverne ! Admirable magie du talent ! Le
notaire de ce plat XIXe siècle, plat de mœurs, d'en-
tourage et de costume, est plus tragique, avec le
jeu de Frédérick, plus grandiose, plus *épique* dans
sa folie et ses angoisses, que le Roi de cette époque
superbe de barbarie et peinte à si sauvages traits
par Shakespeare, quand il est interprété par Beauvallet. Dans le cas où, selon mon désir, une direction prendrait l'initiative de jouer crânement le
Roi Lear de la traduction de M. François-Victor
Hugo, je voudrais que Frédérick se chargeât de ce
rôle du vieux Lear, si effroyablement difficile, et
pour lequel il s'est accompli, en ces derniers temps.

Les acteurs qui jouent autour de Beauvallet, dans
le *Roi Lear,* agissent pour leur compte d'acteurs
comme M. Jules Lacroix pour son compte de traducteur. Ils sont tous des Lacroix à leur manière.

« Rapetisse ton cœur, » dit la Sagesse Chinoise. Ils rapetissent, *tretous*, le cœur de Shakespeare, et n'en font plus qu'une chinoiserie... Taillade, qui fait le pauvre Tom, le pauvre ensorcelé dans la lande, — cette merveille dans Shakespeare, cette ombre chinoise dans M. Jules Lacroix, — a un éclat de rire, magnifique de folie moqueuse, à déconcerter le tonnerre ; mais, excepté cela, — une note insensée, un cri de génie! disons-le à cet homme nerveux, — plus rien que des grimaces et des danses Saint-Guy, découpées sur l'horizon avec des prétentions fantastiques. Deshayes, le comte de Kent, — le chevalier fidèle, gris de pied en cap, — son costume et ses cheveux sont de la même nuance ; — Deshayes ressemble à un gros rat plein de sentiment. Entrelardé plus à la manière d'un moine que d'un chevalier, il ne manque pas pourtant d'une certaine beauté, mais blette, et d'une certaine noblesse, mais trop humide et trop larmoyante. C'est le larmoyeur de Scheffer. Il pleure encore plus qu'il ne se bat, pour le service du roi... Bienfait, dont la voix de tête ressemble à celle de son rôle, *sopranisé* par M. Lacroix, l'opérateur, a un charmant costume de fou, et c'est le mérite, le seul mérite aussi de mademoiselle Agar, que le costume : mais, au bout du compte, c'en est un ! On ne peut pas plus juger d'un acteur ou d'une actrice hors de son costume que d'une femme ou d'un homme hors de sa peau. Le costume, pour l'acteur, c'est la moitié de la physionomie. Celui de mademoiselle Agar est splendide, rouge, noir et or, beau comme une idée! Gonerille est là toute, dans ce flamboiement sombre. Mais quelle médiocrité, quelle nullité, quel *rien* dans cet enharnachement sublime! Régane (mademoiselle Nancy) est la même Régane, mais sans caparaçon. Pour Cordélia (mademoiselle Bernhardt), elle minaude l'amour filial d'une si insupportable manière, que je me réconcilie avec les atroces drôlesses qui jouent au volant, sur la raquette de l'injure, avec le cœur saignant de leur père, — en l'entendant!

V

J'ai tout dit, traducteur et acteurs, — autres traducteurs et autres traîtres! Le succès de cette *eunuquerie* a été le succès eunuqué qu'on appelle un succès d'estime. Nul enthousiasme parmi la jeunesse, révérente pour Shakespeare, qui a battu des mains à quelques hémistiches où l'on retrouvait un tronçon de Shakespeare, mais que l'œuvre de M. Jules Lacroix n'a pas enlevée. A l'orchestre, quelques paires de gants gris-perle ont applaudi

silencieusement, — l'aumône du bon goût au bon
goût. Il y avait là cinq à six paires d'yeux aussi,
superbes, et ne demandant qu'à s'emplir de larmes,
et qui ne se sont emplis que d'ennui. Vers la fin,
ils en étaient navrés, et se rougissaient de bâille-
ments contenus... Parmi les ennuyées, une des plus
expressives a été madame Marie-Alexandre Dumas,
assise, en loge, près de son père. Elle était en robe
noire montante, avec un col de garçonnet, à pointes,
rabattu, les cheveux relevés droit sur les tempes,
et elle ressemblait à François II, peint par Clouet,
à fasciner de cette ressemblance un homme d'imagination. Ma critique d'aujourd'hui a beau être
cruelle, elle ne le sera jamais autant que cette
physionomie dégoûtée et lasse, que cet air de petit
roi et de Valois ennuyé...

LA

DUCHESSE DE LAVAUBALIÈRE

LE BAISER ANONYME — LA REVANCHE D'IRIS
BATAILLE DE DAMES (1)

———

17 avril 1868.

I

Semaine Sainte, semaine blanche ! Les théâtres
ont eu leurs relâches de convenance ; mais ces relâches accoutumées de la semaine Sainte ne nous ont
privés que de rabâcheries de tous les jours. Il n'y a
point à les regretter. Voués aux répétitions des
mêmes pièces du moment, ou à ces reprises des
vieilles pièces que nous dénoncerons jusqu'à ce
qu'un tel abus du droit de radoter finisse, les
Théâtres, ces cages à perroquet, qui ne savent que

1. *Nain jaune.*

répéter les choses déjà dites, peuvent fermer, tous,
sans qu'il y paraisse ; ils ne nous priveraient pas
d'une seule nouveauté ! Ces reprises, sur lesquelles
ils vivent, n'ont pas même été interrompues par
ces relâches que je préférais. Cette semaine, cette
semaine aux reposantes relâches, n'avons-nous pas
eu une reprise qui nous a peut-être plus étonnés
encore que toutes les autres? Le Théâtre de Cluny
ne s'est-il pas avisé de dépendre, dans le Montfaucon
des Œuvres mortes, le squelette pendillant au vent
de l'oubli qu'on appelle la *Duchesse de Lavaubalière*, et de nous le donner hardiment, comme
quelque chose de vivant !

Eh bien, franchement, voilà ce que nous n'at-
tendions guères de la part du Directeur du Théâtre
de Cluny ! Lorsque ce directeur eut le courage de
venger M. Félicien Mallefille des mépris bêtes du
Théâtre-Français, il nous avait paru... disons le
mot... un homme ! et Dieu sait que nous ne lui
ménageâmes alors ni l'éloge, ni la sympathie, ni
même l'espérance. Nous espérions, en effet, que
parmi les directeurs sans intelligence, sans courage,
sans générosité, c'est-à-dire sans génie administratif, — car, dans l'ordre intellectuel, ce n'est pas
comme dans les autres administrations : le génie
administratif se compose de générosité, d'intelligence et de courage, — M. Larochelle, qui avait
été acteur, et que nous aimions à la tête d'un

Théâtre, comme un colonel qui a été soldat à la tête d'un régiment, pouvait trancher sur la tourbe directoriale de ce temps.

Nous espérions que le vengeur de Félicien Mallefille, ce noble artiste à chevrons, serait le vengeur de tout ce qui a grief contre les Théâtres, et que ce serait là la grande position qu'il se ferait. Nous ne le connaissions point personnellement, mais nous lui fîmes dire par des tiers qu'il ne devait pas se borner à relever des hommes comme Mallefille, qui sauraient bien se relever tout seuls, mais que son devoir, et surtout, surtout, son intérêt, était de venir en aide aux Méconnus, aux Obscurs, aux Repoussés, aux Victimes enfin des Directions et des Comités imbécilles. Le Théâtre de Cluny, pensions-nous, pouvait être, comme les cathédrales au Moyen Age, le lieu d'asile de tous les condamnés. Au lieu de s'appeler le « Théâtre de Cluny », il devait s'appeler le THÉATRE DE L'ASILE ! et jouer crânement toute pièce refusée ailleurs. C'est ainsi que, de petit théâtre, — à peine compté et qui vient timidement emboîter le pas derrière les autres, — il s'élèverait plus haut qu'au premier rang, en s'opposant et faisant face aux autres. C'est ainsi que, du premier coup et par le fait d'une initiative, — téméraire, si vous voulez, mais il n'y a jamais de grand succès que pour les initiatives téméraires, — il dresserait monument contre monument. C'est ce courage, c'est cette décision dont nous avions cru M. Larochelle très çapable, et qu'il n'aura pas. Nous avions rêvé... Il a déjà pris la file et fait la queue. Il a mis son pied dans la trace du pied de tous. Il a revêtu l'uniforme de tous les Directeurs, et le voilà qui, aujourd'hui, choppe, comme eux tous, contre cette borne des Reprises, sur laquelle tous ces Quinze-Vingts, qui se tiennent tous par la basque de l'habit pour se conduire, vont également se casser le nez ! Je ne sais pas, et personne ne sait si le Directeur du Théâtre de Cluny mettra la main sur la glorieuse pile de pièces de cent sous qui est le but des Directeurs de Théâtre comme des épiciers ; mais s'enrichît-il de ces cent sous, il a manqué sa fortune. On se rappelle ce général qui n'alla point aux Indes, faute de bottes. Mais il y a pis que de n'avoir pas de bottes pour aller aux Indes ; c'est de manquer de courage, quand on peut (même sans bottes) y aller !

Et de toutes les reprises à faire, ce pauvre M. Larochelle — qui (disait on) pense à reprendre les tragédies de Casimir Delavigne, *bone Deus!* — a choisi la plus childebrandesque, cette *Duchesse de Lavaubalière*, tirée, non pas du Charnier des Innocents, mais du Charnier des Imbécilles, et qui paraissait déjà détestable à une époque ogresse de drames et d'un si furieux appétit que tout, même le mauvais, lui semblait bon !

II

Ce soir, aux Français, on pouvait se croire au Gymnase, au Gymnase agrandi, de salle... seulement. Non pas le Gymnase des grandes demoiselles à marier et de cette étincelante jeunesse que M. Alexandre Dumas fils vient de peindre dans sa préface de la *Dame aux Camélias*, mais le Gymnase-Géronte, vieilli, morne, chauve et laid ; le Gymnase des grands-papas, dont le nombre était considérable à l'orchestre, où j'étais, et qui y conduisaient en laisse les collégiens leurs petits-fils, auxquels, par ces vacances de Pâques, ils voulaient, avant de *les rentrer*, donner une récréation littéraire, un fort lavage, un fort bain de littérature! La récréation n'a pas été d'une gaîté folle. On a joué le *Baiser anonyme*, ce petit acte qui veut être leste, et que Bressant (le principal rôle), qui a perdu jusqu'à ses oreilles de séducteur avec la perruque de Don Juan sous laquelle il était si bien l'autre jour, n'a pas su enlever. Il a joué en homme fatigué, empâté, presque lourd, et mal mis. Puis la *Revanche d'Iris*, autre petit acte — mythologique — en costume grec — qui a dû faire à tous ces collégiens l'effet d'une version grecque à la scène ; cela ne les changeait pas assez. Aussi ont-ils bâillé ferme au nez d'Iris, *Messagère des dieux*, et de Diogène, et du tonneau, et de toute cette défroque grecque, sur laquelle ils doivent être blasés.

Admirable matière à mettre en vers latins,

peut-être, mais certainement déplorable en vers français. On se demande par-dessous quelle porte une telle niaiserie a passé pour entrer chez M. Thierry?... Enfin, tout ce fretin, tout cet éparpillement de pièces minuscules, — la pulvérisation du genre, — ont été suivis des trois actes de *Bataille de Dames*, la reprise de rigueur dans ce temps de reprises inévitables. *Bataille de Dames*, ou plutôt *Bataille* D'UNE DAME, car il n'y en a qu'une seule qui se batte dans la pièce, c'était là encore et toujours le Gymnase, la littérature dramatique du Gymnase, — que dis-je ? la royauté même du Gymnase, puisque l'auteur est M. Scribe !

Il y est doublé, il est vrai, de M. Legouvé ; mais M. Legouvé ne fait pas même une doublure, tant il est peu visible dans cette pièce, parfaitement digne de Scribe tout seul.

Il n'y a point à analyser cette pièce connue, jouée et rejouée. Jamais la petite boîte à surprises dont on est dupé toujours avec délices ; jamais les petits imbroglios adorés, le petit tricotage dramatique dans lequel le cœur humain n'a rien à faire et la réflexion rien à voir ; jamais le marivaudage barbouillé de sucre et de fautes de français, le marivaudage sans Marivaux, le marivaudage patois de la Chaussée-d'Antin n'ont brillé mieux de leur petit éclat de bijoux faux ordinaire que dans cette pièce, *ravissante d'esprit et d'élégance* comme l'entendent les bourgeois. « C'est *plein d'idées*, » disait le grand-père, mon voisin, à son petit-fils qui mordait sa casquette... Les acteurs ont joué cette *gymnastiquerie* comme au Gymnase, mais deux notes plus haut peut-être que les acteurs du Gymnase. Je les en absous, eux ! La tonalité, malgré leurs habitudes et leurs efforts, leur était imposée par la pièce qu'ils jouaient... Que diable ! on serait Monrose lui-même qu'on ne pourrait pas jouer Scribe — ce Tom-Pouce-Gigogne dramatique — comme on jouerait Beaumarchais !

Madame Madeleine Brohan n'a pas vu mademoiselle Mars, — du moins, en la regardant, je ne le crois pas ; madame Madeleine Brohan, assez belle pour qu'il faille courageusement fermer les yeux quand on veut la juger, et qui tient le grand rôle de cette petite chose, a joué comme si elle avait connu mademoiselle Mars :

C'est avoir profité que de savoir s'y plaire,

et qu'elle voulût la rappeler... Elle a le calme en scène de la comédienne qui se sent chez elle, le grand calme, père de la grâce, et la voix incisive à étonner chez une personne si peu nerveuse et dont les magnificences de corsage doivent être doublées du cœur froid que Diderot, qui se trompait peut-être, voulait pour l'acteur et pour l'actrice dans son *Paradoxe du comédien*. Ses manières de s'asseoir ont des lenteurs superbes, et, quand elle est assise, quelle base de statue pour un aplomb si noble !

Mademoiselle Émilie Dubois, qui, dans cette *Bataille de Dames*, ne ressemble point à la grande guerrière cuirassée de satin rose qui tient toute la pièce et la nomme ; mademoiselle Émilie Dubois remplit, elle, un rôle impossible à force de fausseté, — car la peur pour l'être aimé, dans la femme qui aime, lui crée, s'il le faut, immédiatement, une prudence, quand ce n'est pas un courage, — et ce rôle impossible, elle n'en sauve pas, par son jeu, la fausseté radicale. Je la trouve, comme son rôle, maniérée dans l'épouvante ; mais elle a, çà et là, quelques jolies inflexions et je ne sais quoi d'étonnamment *jeune fille* dans une femme qui n'est plus une jeune fille, à côté de ces splendeurs tranquilles, reposées, blanches et presque majestueuses dans la grâce de madame Madeleine Brohan. Febvre, qui a aussi un rôle ingrat, un rôle de jeune premier, et de jeune premier mis en domestique, avec l'odieuse redingote à rotonde, les bottes à revers et les culottes de peau jaune, le joue avec une sobriété de très bon goût et des intentions très marquées et souvent heureuses. Il cherche et attrape toujours le point juste, quand le gentilhomme déguisé, comprimé dans le valet, crève son rôle, à certaine place, et laisse passer un bout de gentilhomme. Je voudrais voir Febvre, qui joua autrefois Mirabeau et que je n'ai pas vu dans ce rôle qu'il aborda, dit-on, avec beaucoup de talent, dans un rôle vraiment taillé pour ses moyens. C'est un jeune homme fait pour arriver, de par la vocation et le dévouement à son art. Got, très comique, mais à bon marché, dans un rôle de poltron qu'Arnal, il y a quelques années, aurait joué encore mieux que lui, manque le ton parce qu'il le prend trop. Il est par trop épouvanté, comme mademoiselle Émilie Dubois, mais dans un autre genre. Ah ! le difficile, je le sais bien, dans ce rôle maniéré et faux comme tous les autres, était d'exprimer le poltron sans l'outrer. Autrement, c'est toujours facile de faire rire dans un rôle de poltron, et le vrai succès n'est pas là... Leroux, impayable de tenue empesée, est mieux en préfet qu'en Clitandre. Enfin, d'ensemble, la pièce va, mais quelle pièce ! Et comme c'est triste de voir, sur le théâtre qui n'a donc plus que les proportions physiques du

Théâtre-Français, où l'on jouait peut-être le *Ma-riage de Figaro* hier et où l'on jouera peut-être le *Misanthrope* demain, de ces pièces nabotes comme celle-ci, dont les personnages de bois blanc taillés au canif, vraies grimaces de bout de para-pluie, surgissent et tournent sans se mêler, comme ces petits valseurs qu'une manivelle fait tourner sur les orgues de Barbarie!

TABLE

Dédicace v

Préface de Lucien Descaves VII

Préface 1

Les Directeurs de Théâtre 15

Le Tourbillon 29

Mesdames de Montanbrèche 39

Nos gens 49

Nos bons villageois 55

Les Idées de madame Aubray 73

La dernière création de Frédérick Lemaître 87

Madame Albertine de Merris 99

Gulliver 111

Madame Desroches. — Voyage autour du demi-monde 123

Les Sceptiques. — Une Violette pour deux. — Paris
   Tohu-bohu. — Le Frère aîné 127

Les Treize. — La Revue de 1867 151

Les Tribulations d'un témoin 167

Paul Forestier 175

Les Théâtres 189

Le Crime de Faverne 191

Kean. — Don Juan . . . . '. 203

La Reine Margot 217

La Grande Sifflerie du Vengeur. — Les Grandes Demoi-
    selles. — Comme elles sont toutes 235

Glenarvon. . . . . , ... 251

Les Parisiens de la décadence. 261

Le Roi Lear. 273

La Duchesse de Lavaubalière. — Le Baiser anonyme.
    — La Revanche d'Iris. — Bataille de Dames. 289

ÉMILE COLIN ET Cⁱᵒ — IMPRIMERIE DE LAGNY

E. GREVIN, Succʳ.